DIESES
BUCH IST
MEINEM
PFERD
APACHE
GEWIDMET.

FRED RAI

AUCH WIR HABEN GEFÜHLE

DAS EMOTIONALE VERHALTEN DER PFERDE

NESSOS VERLAG

Die Deutsche
Bibliothek – CIP
Einheitsaufnahme

Rai, Fred:
Auch wir haben
Gefühle
Das emotionale
Verhalten der Pferde
Dasing
Nessos Verlag, 1998
ISBN 3-00-002507-3

Nessos Verlag
Neulwirth 3
D-86 453 Dasing

Autorenadresse
Fred Rai
Western-City
D-86 453 Dasing
Tel. 0 82 05/225
Fax 0 82 05/10 84

Redaktion
Marianne Rippel
Hans H. Wacker

Fotografie
Titel: Rainer Schuster
Marianne Rippel

Grafische Konzeption
Satz und Layout
Brigitte Ruoff, Stuttgart

Lithografie
WG Repro-Service
Remseck-Aldingen

Druck, Bindung
Westermann Druck
Zwickau GmbH
Gedruckt auf
chlorfreiem Papier

Printed in Germany
ISBN 3-00-002507-3

DER AUTOR

Seit über 25 Jahren erforscht der Pferdepsychologe Fred Rai die Verhaltensweise und Psyche der Pferde.

Die Voraussetzung dazu schuf er in seiner beruflichen Laufbahn, in deren Rahmen er nach gründlicher psychologischer Ausbildung mit 26 Jahren Schulungsleiter im größten deutschen Versicherungskonzern wurde. Bereits mit 28 Jahren übernahm er als Bezirksdirektor die Verantwortung für viele Mitarbeiter.

Der Pferdeexperte Fred Rai

Er besitzt seit fast vierzig Jahren eigene Pferde, derzeit 60 Tiere. Fundiert zum Reiter im englischen Stil ausgebildet, war er im Turniersport erfolgreich. Das Westernreiten erlernte er in den USA und wurde dort mit der überlieferten Reitweise der Indianer vertraut. Er beobachtete nicht nur Wildpferde, sondern lebte in seiner frei lebenden Pferdeherde auf seiner »Lucky Hills Ranch« in Arizona. Durch die Kenntnis der Verhaltensweise der Pferde gelang es dem Autor, der Ranghöchste in dieser Gemeinschaft zu werden. Er entdeckte dabei ein reiches Gefühlsleben, ohne das ein soziales Verhalten der Tiere nicht möglich ist.

Der Autor Fred Rai

Als erster schrieb er in seinem Buch »Ohne Peitsche – ohne Sporen« über den fehlenden Schmerzlaut der Pferde. Auch in seinem zweiten Buch »Natürliches Reiten« publizierte er viele neue Erkenntnisse in der Beziehung Tier – Mensch. Er entwickelte einen Reitstil für das Wanderreiten, das sogenannte *Rai-Reiten* – ohne Peitsche, ohne Sporen, ohne Trense, nur mit einem, von ihm ausgearbeiteten Schnurhalfter. *Rai-Reiten* wird mittlerweile europaweit gelehrt.

Seine Kenntnis, wie und warum Pferde reagieren, erlaubt ihm, ohne Schmerzeinwirkung mit minimalsten Hilfen jedes Pferd in kürzester Zeit zu führen und zu reiten. Selbst verdorbene Pferde sind nach *einer* Ausbildungslektion wieder reitbar.

Fred Rai und die Musik

Neben den Pferden gilt seine Liebe der Musik. Sieben Jahre Klavier- und Gitarrenunterricht und drei Jahre Gesangsausbildung sind seine solide musikalische Grundlage. Seit dem 16. Lebensjahr tritt Fred Rai öffentlich als Sänger auf. Nach seinem ersten Fernsehfilm »Urlaub zu Pferd«, der vom ZDF produziert wurde, erhielt er einen Plattenvertrag und hat seitdem viele Schallplatten und CD's produziert. Viele der über einhundert Lieder sind Eigenkompositionen. In mehr als 1 500 Live-Auftritten und knapp 200 Fernsehshows machte er sich einen Namen als einziger berittener Sänger, der auf dem Rücken seines inzwischen berühmt gewordenen Pferdes »Spitzbub« auftritt.

Western-City Dasing

*E*r eröffnete 1980 in Dasing bei Augsburg seinen Freizeitpark »Western-City«, der mit einem bunten Show- und Unterhaltungsprogramm jährlich über 100 000 Besucher anlockt. Beliebt sind auch die Kinderferien, bei denen Kids aus ganz Deutschland, Österreich und der Schweiz viel über Pferde lernen, Lagerfeuerabende genießen und sich im natürlichen *Rai-Reiten* üben.

Ranch in USA

*I*nzwischen ist Fred Rai Besitzer einer der größten Ranches in Arizona. Auf seinem 84 Quadratkilometer großen Gelände können die Gäste unter idealen Bedingungen das natürliche *Rai-Reiten* erlernen.

Natürliches Rai-Reiten

*F*red Rai gründete 1993 die »Bundesvereinigung für Natürliches Reiten«. Diese gibt all denen eine Heimat, die sich dort mit dem Pferd bewegen wollen, wo diese wunderschönen Tiere herkommen – in der freien Natur. In vielen Ausbildungszentren in Deutschland, Österreich und der Schweiz haben sich über 4000 Mitglieder zusammengeschlossen, und die Zahl wächst ständig.

Aktivitäten zum Schutz des Pferdes

1996 übernahm er den Vorsitz des »Europäischen Pferdeschutzbundes«, um zu helfen, dem ältesten Kameraden des Menschen endlich die gerechte Behandlung zukommen zu lassen, die er in der 6000 Jahre langen gemeinsamen Geschichte längst verdient hat.

Der Autor zu seinem Buch

*F*red Rai über dieses Buch:

»Tiere können nicht falsch sein. Aber nur bei Kenntnis aller Verhaltensweisen und Triebe, auch des ausgeprägten Gefühlslebens, sind alle Reaktionen voraussehbar. Es ist höchste Zeit, daß das Gefühlsleben dieser Tiere endlich erkannt und in deren Verhaltensmuster aufgenommen wird. Die Kenntnis des Gefühlslebens der Pferde ist für jeden Reiter und Pferdefreund wichtig, um sein Pferd besser verstehen und führen zu können. So wird dieses Buch für alle Pferdefreunde eine unentbehrliche Hilfe beim Umgang mit dem Kameraden Pferd sein, zumal es speziell über das Gefühlsleben der Pferde bisher fast nichts nachzulesen gibt.«

Inhalt

Vorwort

Dieses Buch möchte ich meinem Pferd Apache widmen. Er war es, der mir überdeutlich gezeigt hat, daß nicht nur Hunde, sondern auch Pferde ein ausgeprägtes Gefühlsleben besitzen. Seine Geschichte ist der Ausgangspunkt meiner Forschung über das Gefühlsleben der Pferde. Ihm verdanke ich die Erkenntnis, daß das Gefühl nicht nur die wichtigste Schaltstation jeder Handlung ist, sondern auch über das Wohl- oder Unwohlempfinden der Tiere und der Menschen entscheidet.

Jeder kennt die Freude, die Trauer oder die Eifersucht der Hunde. Diese nicht dem Angsttrieb unterliegenden Aggressionstiere sind in der Lage, ihre Gefühle auszuleben. Den Pferden werden solche Gefühle immer unterschlagen. Als Fluchttiere müssen sie, ihrem Angsttrieb folgend, auf jede Bewegung um sich herum reagieren, könnte diese doch ein Zeichen für die Anwesenheit eines Raubwildes sein. Deshalb sind Pferde nicht in der Lage, ihre Gefühle und Emotionen so deutlich wie ihre bellenden Kollegen zu zeigen.

Wir wissen nichts über das Gefühlsleben der Pferde und kannten bisher nicht einmal ihre äußeren Zeichen von Wohlbefinden und Freude.

Wir wissen nichts über das Gefühlsleben der Pferde. Wir kennen nicht einmal das äußere Zeichen von Wohlbefinden und Freude, das ich endlich entdeckt habe und in diesem Buch veröffentliche. Das Schwanzwedeln der Hunde dagegen ist uns allen ein Begriff.

Wie oft sind selbst wir Menschen Spielball der Gefühle, obwohl uns die Schöpfung mit dem logischen Denkvermögen das Werkzeug mitgegeben hat, diese zu beherrschen. Um so mehr müssen wir die Emotionen der Pferde in unsere Betrachtung ihrer Verhaltensweise einbeziehen, damit wir die Reaktionen dieser Tiere verstehen können.

Dabei ist das Gefühlsleben, die Voraussetzung zum Funktionieren einer Gemeinschaft, bei Pferden mindestens so stark ausgeprägt wie bei Hunden. Diese benötigen ein Rudel nur zum Fangen einer Beute, Pferde die Herde jedoch zum Überleben.

Seit 6 000 Jahren begleitet das Pferd nun schon den Menschen in einer gemeinsamen Geschichte. Trotzdem ist über die Psyche, die Verhaltensweise und das Gefühlsleben dieser Tiere wenig bekannt.

Tiere können nicht falsch sein. Sie können nur so reagieren, wie es ihre angestammten Triebe und Verhaltensweisen von ihnen fordern. Aber nur bei Kenntnis aller Verhaltensweisen und Triebe, auch des ausgeprägten Gefühlslebens dieser Tiere, sind alle Reaktionen voraussehbar und berechenbar. Es ist höchste Zeit, daß das Gefühlsleben der Pferde endlich erkannt und in das von uns erstellte Verhaltensmuster aufgenommen wird.

Das Gefühlsleben ist die Voraussetzung für eine funktionierende Gemeinschaft.

Seit über 25 Jahren befasse ich mich mit der Psyche und Verhaltensweise der Pferde und schrieb als erster in meinem Buch »Ohne Peitsche – ohne Sporen« über den fehlenden Schmerzlaut dieser Tiere. Ich beobachtete nicht nur Wildpferde, sondern lebte inmitten meiner in Freiheit lebenden Pferdeherde auf meiner großen Ranch in Arizona. Es gelang mir, zum Ranghöchsten in dieser Gemeinschaft aufzusteigen. Dabei entdeckte ich ein reiches Gefühlsleben als Voraussetzung für das soziale Verhalten dieser Tiere.

*I*n meinem 45jährigen gemeinsamen Leben mit Pferden erlebte ich gefährliche, erschreckende, traurige, aber auch herzergreifende und glückliche Situationen, die nur mit der Kenntnis um das ausgeprägte Gefühlsleben der Pferde erklärbar werden. Eine Auswahl meiner Erlebnisse ist Inhalt dieses Buches.

*U*m die Reaktionen und Handlungen der Pferde analysieren und damit verständlich machen zu können, befasste ich mich ausführlich mit dem neuesten Stand der Wissenschaft über den Begriff Gefühl. Als Logiker mußte ich frustriert feststellen, daß kein Begriff unklarer definiert und öfter verkannt wird.

Folgende Definitionen des Begriffs Gefühl finden sich in den neuesten wissenschaftlichen Lexika der Psychologie:

»Gefühl oder Emotion läßt sich nicht definieren, sondern nur umschreiben, da sich Gefühl auf nichts anderes zurückführen läßt« ,

oder *»Gefühl ist ein Grundphänomen individuellen Erlebens, das jedem bekannt ist, sich unmittelbarer Erfassung jedoch entzieht.«* !!!

Nur der Psychologe Bottenberg trifft den Nagel auf den Kopf, indem er schreibt:

»Über das, was Gefühle sind und welche Funktionen sie haben, gibt es so viele Ansichten wie Personen, die sich damit beschäftigt haben.« !!!

*S*olche Definitionen stellen die Sachlichkeit der so wichtigen Wissenschaft, der Psychologie, in diesem Bereich in Frage. Das gleiche gilt für die in engem Zusammenhang stehenden, jeder Handlung zugrunde liegenden Begriffe wie Trieb, Instinkt, Sinn, Wahrnehmung und Empfindung, die oft ebenso unpräzise beschrieben werden.

Dies kann nicht befriedigend sein, wenn alle anderen Wissenschaften wie beispielsweise Physik und Mathematik längst erkannt haben, daß die Existenz des gesamten Universums auf den klaren Naturgesetzen der Logik und des Ausgleichs aufgebaut ist. Nur was sich im Ausgleich befindet kann existent sein. Wir kennen doch leider zu genau die katastrophale Reaktion eines durch Spaltung aus dem Gleichgewicht gebrachten Atoms.

Meinem Freund Apache, dem ich dieses Buch widme, verdanke ich die Erkenntnis über das reiche Gefühlsleben der Pferde.

*I*n diesem obersten Naturgesetz des Ausgleichs ist kein Platz für überlappende Begriffe, wie sie in der Psychologie bei der Definition des Begriffs *Gefühl* und der Analyse des gesamten Handlungsablaufs eines Lebewesens üblich sind.

*S*o muß auch jeder Ablauf der Handlung eines Tieres in einem klaren, dem Naturgesetz unterliegenden Schaltsystem funktionieren. Darüber habe ich nach ausführlichen Beobachtungen gründliche Forschungen angestellt.

Das Gefühl ist nicht nur die wichtigste Schaltstation im Handlungsablauf, sondern entscheidet grundsätzlich über Wohl- und Unwohlempfinden eines Lebewesens.

Ich erkannte plötzlich die Tatsache, daß das Gefühl nicht nur die wichtigste Schaltstation in diesem Handlungsablauf darstellt, sondern auch das alles entscheidende Grundgefühl im Körper eines Lebewesens bestimmt, das allein über dessen Wohl- oder Unwohlempfinden entscheidet.

In einer deutlichen Ordnung konnte ich die einzelnen Begriffe klar definieren, sie ihren genau festgelegten Bestimmungen zuweisen und damit eine exakte Verhaltensstruktur der Pferde entwickeln.

Damit ist jede Handlung und jede Reaktion eines Pferdes erklärbar. Das Pferd hat endlich aufgehört, ein unbekanntes Wesen zu sein.

*S*o wissen wir nun, daß das Gefühl die Ebene ist, auf der wir mit den Tieren kommunizieren können. Das Gefühlsleben ist auch im Menschen, dank unserer tierischen Vorfahren, tief verwurzelt.

Deshalb ist es nur logisch, daß wir uns nur auf *der* Entwicklungsstufe dem Pferd mitteilen können, auf der dieses Lebewesen steht – auf der Ebene des Gefühls.

Das Pferd hat endlich aufgehört, ein unbekanntes Wesen zu sein.

*I*n diesem Buch werden, für alle Leser verständlich, die Ergebnisse meiner Forschungen dargestellt, die den klaren Ablauf einer Handlung analysieren, den Gefühlen die wichtigste Funktion im Körper zuordnen und in den Trieben enthaltene Verhaltensweisen herauskristallisieren, die für den Reiter zum Verstehen seines Pferdes so wichtig sind. Dieses Buch verhilft nicht nur dem Pferdefreund zum besseren Verständnis seines Kameraden, sondern ist gleichzeitig ein Handbuch, um vorhandene Probleme zwischen Mensch und Pferd zu lösen.

*B*evor wir zu den sachlichen Betrachtungen meiner Forschungen kommen, welche die Voraussetzung zur Analyse der im Anschluß folgenden Erlebnisberichte sind, möchte ich, zur Einstimmung meiner Leser, mit der Geschichte meines Pferdes Apache beginnen – einem Freund, der freiwillig bereit ist, mich täglich stundenlang geduldig zu tragen. In absoluter Leistungsbereitschaft nimmt er härteste Arbeit beim Treiben der Rinder auf sich. Dafür erwartet er aber auch die Achtung seiner Persönlichkeit und die Anerkennung seiner Liebe von mir. Heute kann ich ihn endlich verstehen.

APACHE
EIFERSUCHT

Es war Liebe auf den ersten Blick, als dieses gescheckte Kraftbündel mit einem gewaltigen Satz aus dem Pferdehänger sprang. Mitten im Ranchhof stand er mit gespitzten Ohren und stolz erhobenen Hauptes. In diesem Moment wußte ich bereits, daß wir zusammengehören. Es waren nicht die beeindruckenden Muskeln dieses Painthorses, nicht die lange, goldgelbe Mähne, die im Wind wehte, sondern es waren die Augen, die mich faszinierten.

Ich beurteile alle Pferde nach dem Ausdruck der Augen. Bei weit über tausend Pferden, die ich in meinem langen Reiterleben schon geritten habe, wurde ich dabei noch nie getäuscht. Zuneigung, Liebe und Vertrauen, aber auch Angst, Nervosität, gefährliches Wehrverhalten und gebrochener Wille – all dies kann man aus den großen, so deutlich sprechenden Pferdeaugen herauslesen.

Noch nie habe ich einen so stolzen, ungebrochenen und eigenwilligen Blick gesehen wie den von Apache, als er mich beäugte. Ich hatte das Gefühl von ihm eingeschätzt zu werden, so wie auch ich seinen Charakter zu ergründen suchte. In herausfordernder Haltung, keine Spur ängstlich, ließ er sich den Westernsattel auflegen.

Noch nie stand ich einer derartigen Pferdepersönlichkeit gegenüber. Ich fühlte, niemand konnte diesem stolzen Tier mit Gewalt seinen Willen aufzwingen. Bei Apache bemerkte ich ein leichtes Entspannen, als ich ihm das von mir entwickelte, leichte Schnurhalfter ohne Gebißteil anlegte. Sicher hatte er schon seine negativen Erfahrungen mit der hier üblichen schmerzbringenden Kandare gemacht.

Apache und ich verschmolzen vom ersten Moment unserer Begegnung an zu einer harmonischen Einheit.

Mein Freund Mike Robertson, einer der erfahrensten Pferdeleute im Süden Arizonas, der mir Apache zum Verkauf anbot, verzog undefinierbar das Gesicht und nahm eine leicht angespannte Haltung ein. Er wußte, was mir zu diesem Zeitpunkt noch nicht bekannt war: Apache, 6jährig, war seit zwei Jahren nicht mehr geritten worden. Er hatte es verstanden, sich aller Reiter zu entledigen, die versuchten, Sporen und Kandare bei ihm anzuwenden. In Fachkreisen galt er als unreitbar.

Ich zog mich langsam in den Sattel, und ich saß. Ich fühlte mich, wie man so schön sagt, zuhause. Alles paßte. Entspannt saß ich auf dem muskulösen Rücken. Die Ohren von Apache waren neugierig nach hinten gerichtet, um meiner Stimme zu lauschen. Ich spreche immer mit meinen Pferden. Zwar verstehen sie meine Worte der Beruhigung, der Aufmunterung oder des Tadels nicht, aber das damit verbundene Gefühl spricht für sie eine sehr deutliche Sprache.

Ich fühlte mich wohl und sicher. Die Zügel hielt ich wie immer leicht durchhängend in der Hand. Es war für Apache eine neue Erfahrung in seinem Leben, einen Reiter auf dem Rücken zu spüren ohne jegliche schmerzhafte Einwirkung. Es schien ihm zu gefallen. Beim Anlegen der Schenkel zum Anreiten berührte der Stoff meiner Jeans kaum den Pferdebauch und schon reagierte Apache. Willig, gelöst und mit lockerem Zügel nahm dieses Kaftbündel jede meiner Körperdrehungen und Gewichtsverlagerungen an, so als würde er meine Gedanken erraten.

Ich hatte das Gefühl, daß die Bewegungen des Pferdes in voller Harmonie zu meinen eigenen wurden. Wir verschmolzen ab dem ersten Moment zu einer Einheit. Er war gekauft.

Apache war das siebte Pferd auf meiner neu erworbenen Ranch bei Tombstone, Arizona. Die Eingewöhnung in die Gemeinschaft seiner Kollegen verlief problemlos. Die Tiere hatten auf dem großen Areal genügend Platz, um sich bei den üblichen Rangordungskämpfen ausweichen zu können. Er freundete sich bald mit seinen neuen Kameraden an. Es waren sechs Quarterhorses, die ich von einer Ranch erworben hatte. Sie waren dort auf die harte Art eingebrochen worden und hatten lange Jahre im anstrengenden Rindergeschäft gedient. Es waren Arbeitsgeräte, ohne Beziehung zum Menschen. Über sie werde ich ebenfalls in diesem Buch berichten.

Auf Apache entdeckte ich meine 84 Quadratkilometer große Ranch, denn den größten Teil dieses riesigen und urwüchsigen Landes kann man nur zu Pferd erreichen. Kilometerlange Washs, also ausgetrocknete Flußbette, wechseln mit Höhenwegen, die in die bis zu 3000 Meter hohen »Lucky Hills« führen. Diese »Glücklichen Hügel« gaben meiner Ranch den Namen. Möglicherweise war es die glücklichste Zeit meines Lebens, als ich auf dem Rücken von Apache mein Land kennenlernen durfte, das ehemalige Apachenland, die Heimat des großen Häuptlings Cochise. Hier wurde auch Geronimo, der sich nicht in ein Reservat sperren lassen wollte, mit 50 Gleichgesinnten nach siebenjähriger Jagd von 2 500 Soldaten gefangen genommen. Mit diesem letzten Freiheitskämpfer der Indianer ging eine Jahrtausende alte Geschichte und Kultur zu Ende.

Auf Apache entdeckte ich meine 84 Quadratkilometer große Ranch auf dem einstigen Apachenland.

War es Zufall, daß der Name meines neuen Freundes Apache ist? War es Zufall, daß das einhundert Jahre alte Brandzeichen meiner Lucky Hills Ranch ein »F« und ein »R« zeigt, also die Initialen meines Namens. Trotz meiner Recherchen konnte ich keinen Vorbesitzer finden, dessen Namen mit diesen Buchstaben begannen. Fragen, die man nicht beantworten kann. Das Schicksal spielt manchmal schon seltsame Streiche.

*E*inige Wochen später, an einem Sonntagmorgen, ritt ich in die historische und als einzige original erhaltene Westernstadt Tombstone ein.

Tombstone liegt inmitten des Gebiet meiner Ranch. Als ehemalige Silberminenstadt eigentlich dazu verdammt, als Geisterstadt langsam zu verrotten, verdankt sie ihr Weiterleben und die derzeitige Blüte dem bekanntesten Revolverkampf in der Pionierzeit des Wilden Westens. Der Schußwechsel fand am 26. Oktober 1881 im O.K.Corral statt. City Marshal Virgil Earp, seine Brüder Morgan und der schon legendäre Wyatt, sowie deren Freund, der Spieler Doc Holiday, standen den Männern der Clanton Ranch, die vorwiegend vom Viehdiebstahl lebten, gegenüber. Die Schießerei dauerte nur wenig länger als eine halbe Minute und kostete drei Viehdieben das Leben. Dieser berühmteste und bestdokumentierte »shoot out« des Wilden Westens, lockt heute noch jährlich 500.000 Menschen nach Tombstone.

Tombstone, die einzige original-erhaltene Western-stadt, liegt mitten in meiner Ranch.

So herrschte auch an diesem Tag ein munteres Treiben zwischen den historischen Gebäuden der Allen Street. Touristen mischten sich unter die Einwohner der Stadt, die in traditioneller Westernkleidung die Zeit stillstehen lassen. Ich fühlte mich 100 Jahre zurückversetzt, zumal echte Cowboys der umliegenden Ranches den freien Tag nutzten, um sich in einem der gemütlichen Saloons mit einem Schluck Bier den Staub aus der Kehle zu spülen. Der verwunderte Blick dieser liebenswürdigen, hart arbeitenden Männer machte mich stutzig. Von ihnen erfuhr ich schließlich, daß mein bester Freund Apache in der ganzen Gegend einen äußerst schlechten Ruf genoß und als unreitbar galt. Er hatte es verstanden, sich der besten Zureiter in Sekundenschnelle zu entledigen. Sie waren fassungslos, als sie mich, nur mit dem leichten Schnurhalfter »bewaffnet«, in völliger Eintracht mit diesem »crazy horse« erlebten. In diesem Moment konnte ich die alten erfahrenen Cowboys noch nicht verstehen, sollte jedoch bald eines Besseren belehrt werden.

Apache genoß einen sehr schlechten Ruf und galt als unreitbar.

*S*o passiv sich meine sechs Cowboypferde auf der Koppel verhielten, »dank« der sicher nicht besonders guten Erfahrung mit den Menschen, so sehr suchte Apache meine Nähe, wenn ich die Weide betrat. Freudig kam er auf mich zu und genoß es sichtlich, am Hals gekrault zu werden. Wie ein Hund folgte er mir zum Sattelplatz. Anbinden war ein Fremdwort. Nichts konnte unser Vertrauen stören – oder doch?

*E*s begann eine hektische Zeit. Die ersten Urlaubsgäste aus Deutschland waren angemeldet. Alle Gäste können hier nicht nur das *Natürliche Reiten* – ohne Peitsche, ohne Sporen und ohne Trense –

erlernen, sondern auch in voller Harmonie mit den Pferden auf kilometerlangen, menschenleeren Trails die wildromantische Natur erleben. Die Ranchhäuser, die den einzelnen Familien oder Paaren zur Verfügung stehen, mußten fertiggestellt werden. Aber auch der Kauf von weiteren 15 Pferden stand an, und deren Ausbildung drängte. Es fehlte mir die Zeit für die täglichen Ausritte mit meinem Freund Apache.

Das Training mit den neuen Pferden, die bisher nur mit Kandare und Sporen geritten worden waren, begann. Mit Volten und Biegungen machte ich sie weich, mit leichtesten »Zwei-Finger-Paraden« durchlässig, und die treibende Hilfe des sporenlosen Absatzes hatten sie schnell und dankbar erlernt.

Apache stand stundenlang an der Abgrenzung der Koppel zum Reitplatz und ließ mich mit einem seltsamen Blick nicht aus den Augen. Ich freute mich darüber, doch eine Erklärung für dieses, nicht übliche Verhalten, hatte ich nicht.

Eine Woche lang änderte sich nichts. Ich ritt ein Pferd nach dem anderen, nur für Apache blieb keine Zeit. Als ich an ihm wieder einmal vorbei ritt, wandte er sich plötzlich ab und wanderte langsam zum anderen Ende der Koppel. Er würdigte mich keines Blickes mehr. Auch mein Rufen, das ihn stets herbeigelockt hatte, ignorierte er.

Ab diesem Moment hatte er sich von mir abgewandt. Er war von mir enttäuscht. Seinem Gefühl der Liebe hatte ich nicht genügend Aufmerksamkeit geschenkt. Ich hatte den Fehler gemacht, den traurigen Blick und das Verhalten von Eifersucht nicht richtig gedeutet zu haben.

Um Apache zu reiten fehlte mir weiterhin die Zeit. Es mußten die Ausflüge der Gäste nach Mexiko und in die größte Western-Filmstadt der Welt »Old Tucson« organisiert werden, wo so große Filme wie »Rio Bravo« mit John Wayne oder die beliebte Fernsehserie »High Chaparal« entstanden waren.

Apache stand stundenlang an der Abgrenzung der Koppel zum Reitplatz und ließ mich mit seltsamem Blick nicht aus den Augen.

Sobald ich die Koppel betrat, wandte Apache sich ab und lief mir davon. Keine Leckereien, die er sonst so gerne entgegen genommen hatte, konnten ihn dazu bewegen, sich von mir streicheln zu lassen. Er würdigte mich keines Blickes mehr.

*E*s begann der Tag »X«, den ich nie vergessen werde. Die ersten Gäste aus Deutschland waren auf meiner Ranch eingetroffen. Die gemütlich eingerichteten Gästehäuser waren gerade noch rechtzeitig fertig geworden. Auch die neuen und so leichten Sättel »Saddle-King« lagen bereit. Das Personal war eingewiesen, und die fröhlichen Gäste aus Old Germany versprachen einen erfolgreichen ersten Urlaubstag. Nach dem Einführungsgespräch über die Psyche und Verhaltensweise der Pferde, stand meine praktische Vorführung des natürlichen Reitens ohne Peitsche, ohne Sporen und ohne Trense auf dem Programm.

»Die glorreichen Zwölf«

Auch die Gäste sind von den täglichen Ausritten begeistert.

Apache stand bei »Blue«, einer großen, herrlich gewachsenen Appaloosa-Stute, die mit ausgeprägten Muskeln ausgestattet ist. Selten habe ich eine so prächtig ausgebildete Hinterhand und einen so edlen Kopf gesehen. Was Blue jedoch an der typischen Zeichnung der fröhlich gepunkteten Indianerpferde fehlt, macht sie leicht mit einer übergroßen Anhänglichkeit wett, die manchmal schon an Aufdringlichkeit grenzt.

Eigentlich ist Blue die schärfste Konkurrentin von Apache, was meine Gunst betrifft. Ihre Anhänglichkeit ist so stürmisch, daß es schon beängstigend wirken kann, wenn beim Betreten der Koppel neun Zentner geballte Kraft direkt auf mich losgestürmt kommen. Erst in der letzten Sekunde stoppt sie ab, um meine Taschen nach einer Belohnung zu durchsuchen. Sie ist das verfressenste Pferd, das ich jemals erlebt habe. So stört es sie auch in keiner Weise, wenn ich mich mit anderen Pferden abgebe. Rangniedere werden mit böse angelegten Ohren von mir weggejagt, ranghöhere Pferde aus sicherer Entfernung schief angeschaut. Anschließend drängt sie sich sofort wieder an mich, wenn die Konkurrenz endlich ihres Weges gegangen ist. Ihre Liebe zu mir ist so groß, daß unerfahrene Reiter gegen ihren Willen beim Reitunterricht oft bei mir in der Mitte des Reitplatzes landen. Sobald sie meine Stimme hört, schert sie aus der Reihe aus und trabt hoch erfreut auf mich zu. Die Anfänger auf ihrem Rücken ignoriert sie dabei völlig. Ihre Liebe und Treue zu mir sind so bedingungslos, daß sie sicherlich, wäre sie der menschlichen Sprache mächtig, sagen würde: »*Ich liebe Dich – was geht es Dich an*«.

Ich wunderte mich über die seltsame Reaktion von Apache.

Die Reaktion der beiden Pferde war beim Betreten der Koppel genau gegensätzlich. Blue trabte auf mich zu, und Apache suchte das Weite. Ich ging ihm nach, Blue im Gefolge. Mit dem so geliebten Pferdekorn auf der offenen Hand und mit meiner beruhigenden Stimme versuchte ich, ihn anzulocken. Am Ende der Koppel blieb er endlich stehen. Mißmutig pickte er einige Körner aus meiner Hand und ließ sich widerwillig das leichte Schnurhalfter anlegen, das von mir liebevoll »Bändele« genannt wird. Ihn immer wieder auffordernd am Zügel ziehend, folgte er mir zögernd zum Sattelplatz und ließ sich, unbeteiligt dastehend, den Sattel auflegen.

Während dessen erklärte ich meinen zwölf Gästen den richtigen Sitz des Sattels, zeigte ihnen den Cowboyknoten und achtete darauf, daß die Satteldecke am Widerrist gut angehoben war. Gemeinsam marschierten wir alle zum Reitplatz. Nach dem wichtigen Nachgurten setzte ich mich nun in den Sattel von Apache.

Heute paßte es zum ersten Mal nicht. Verspannt stand er da, die Ohren widerspenstig angelegt. Langsam wurde mir klar, daß ich heute das von mir entwickelte *Rai-Reiten* nicht wie sonst in vollendeter Harmonie zelebrieren konnte. Ich erklärte den Sitz beim *Natürlichen Reiten*, wies auf die Wichtigkeit des ständig leicht durchhängenden Zügels hin und legte zum Anreiten wie immer ganz leicht meine Unterschenkel an den Pferdebauch an. Keine Reaktion. Die etwas stärkere Schenkelhilfe, verbunden mit einigen aufmunternden Worten, quittierte er mit einer totalen Anspannung seines Körpers. Bockig ging er in Schlangenlinien vorwärts. Die Aufforderung zum Antraben war ihm jedoch heute zuviel. Neun Zentner stahlharter Muskeln explodierten. Mein teurer, stolzer Cowboyhut flog im hohen Bogen durch die Luft in den Sand. Der Kraftentladung nach oben folgten Bocksprünge mit rundem Rücken, den Kopf tief zwischen die Beine gesteckt, die jedem alten Ziegenbock zur Ehre gereicht hätten.

Jetzt verstand ich, warum Apache nicht mit schmerzbringenden Hilfen geritten werden konnte: Er ließ sich nicht brechen.

Schlagartig wurde mir klar, warum Apache mit schmerzbringenden Hilfen wie Peitsche, Sporen und Kandare nicht geritten werden konnte. Diesen urwüchsigen eisenharten Willen, diese animalen Kräfte konnte man nicht brechen. Trotzdem hatte ich das Gefühl, daß er nicht sein Letztes gab, um mir den Garaus zu machen, was sich noch bestätigen sollte. Instinktiv handelte ich richtig und bestrafte ihn nicht, sondern versuchte ihn mit sanfter Stimme zu beruhigen.

Tatsächlich ging er einige Schritte friedlich vorwärts, aber nur um dieses Spiel in der nächsten Ecke zu wiederholen. Ich spürte: Die Sprünge wurden weicher, das Bocken gnädiger, und seine Wut schien langsam zu verrauchen. Zehn lange Minuten wiederholte sich dieses Kräftemessen vor den faszinierten Zuschauern, die gebannt den Atem anhielten. Allerdings war es bis zu diesem Zeitpunkt keine erfolgreiche und überzeugende Demonstration meines Reitstils. Aber die Achtung der Zaungäste für meinen »Rodeo-Ritt« war mir wenigstens sicher.

Apache konnte mich nicht besiegen. So plötzlich, wie das Spektakel begonnen hatte, war es auch wieder zu Ende. Ganz friedlich und willig, auf die feinsten Hilfen reagierend, präsentierten wir uns nun in perfekter Harmonie den verblüfften Gästen. Angaloppieren, Paraden mit zwei Fingern, Wendungen im Stand, Schlangenlinien in allen Gangarten, Rückwärtsrichten – es war Tanzen mit dem Pferd. Hilfen konnte man kaum erkennen. Alles war wie früher.

Obwohl mich Apache nicht abwerfen konnte, hatte ich trotzdem das Gefühl, daß er mir nicht sein gesamtes Repertoire aus seiner Trickkiste als »bucking horse« gezeigt hatte. Wenn er selbst bei den auf Rodeos erfahrenen Cowboys als unreitbar galt, hatte er sicher noch einige »Finten« auf Lager. Ich sollte diese schon bald kennenlernen.

Nicht nur ich, sondern auch die Gäste waren von den täglichen Ausritten durch dieses urwüchsige Land begeistert. Hinter jeder Steingruppe oder Felserhebung erwartete man in diesem historischen Apachenland das unvermittelte Auftauchen eines buntbemalten Indianers auf einem feurigen Pinto. Zum Zwecke der Ausbildung führte ich die Ausritte immer wieder auf verschiedenen Pferden an, und Apache mußte zuhause bleiben. Ich sage bewußt »mußte«, denn die Zeremonie beim Wegreiten trieb mir oft das Wasser in die Augen. Der Trail zu den verschiedenen Ausflugszielen führt ein langes Stück an der Pferdekoppel entlang. Apache läßt sich durch nichts aufhalten, innerhalb des Zaunes genau neben mir herzulaufen. Dabei schaut er mir mit einem Blick in die Augen, der die ganze Traurigkeit der Welt zum Ausdruck bringt.

Gefühle können nicht nur vom Menschen auf das Tier, sondern auch vom Pferd auf den Menschen übertragen werden und ein tiefes Mitgefühl erzeugen. So ist es für meine Standhaftigkeit besser, mich nicht mehr nach Apache umzudrehen, wenn er am Koppelende stehen bleibt und mir nachschaut, bis wir zwischen den Büschen oder um die nächste Biegung des trockenen Flußbettes verschwunden sind.

Gefühle können nicht nur vom Menschen auf das Tier, sondern auch vom Tier auf den Menschen übertragen werden.

Dafür ist die Rückkehr um so erfreulicher. Von weitem werde ich schon mit einem Wiehern begrüßt. Übermütig galoppiert er dann an der Reitergruppe vorbei, um mich oben am Sattelplatz zu empfangen. Er weiß, daß ich mit einer Handvoll Pferdekorn und mit Zärtlichkeiten nicht nur sein Warten belohne, sondern auch mein schlechtes Gewissen beruhige. Dann ist die Welt für ihn wieder in Ordnung.

Aber wehe, wenn ich dies einmal versäumen sollte.

Dies passierte nach einem sechsstündigen Ausritt auf ein Hochplateau meiner »Lucky Hills«-Ranch. Dort oben genießt man einen traumhaften Rundblick über die Ranch und dank der trockenen und klaren Luft kann man bis zu den 200 Kilometer entfernten Sierras nach Mexiko sehen.

Ich ritt Blue. Wie üblich wurde ich von Apache bei der Rückkehr überschwenglich begrüßt. Nach dem Absatteln brachte ich Blue in die Koppel zum Wasserbehälter. Bevor ich mich jedoch um Apache kümmern konnte, passierte ein schreckliches Unglück.

Blue steckte ihren Kopf tief in den Tank, um ihren Durst zu löschen. Sie konnte deshalb das Annähern des damals ranghöchsten Pferdes, Geronimo, und dessen angelegte Ohren nicht erkennen. Er wollte mit dieser Drohgebärde das ihm zustehende Privileg einfordern, sich als erster den Staub aus der Kehle spülen zu dürfen. Der vermeintliche »Ungehorsam« mußte mit einem Biß in die kräftige Hinterhand von Blue bestraft werden. Diese für die Stute überraschende Attacke von Geronimo löste bei Blue eine Fluchtreaktion aus. Sie machte einen gewaltigen Satz aus dem Stand heraus über den Wasserbehälter. Dabei blieb sie mit dem rechten Hinterfuß an der stumpfen Ecke des Eisenbehälters hängen. Die Bewegung war jedoch so schnell, daß sie sich dabei die Sehne und die Arterie oberhalb des Fesselgelenks abriß.
Das Blut spritzte stoßartig aus der schrecklichen Wunde. Mit dem bei Ausritten immer mitgeführten Verbandszeug und einer elastischen Binde konnte ich die Blutung so weit stoppen, daß wir Blue im Pferdehänger in die Klinik der Hauptstadt Tucson transportieren konnten.

Wieviel ist ein Pferd wert? Wie groß ist der Gegenwert von Liebe?

Pferde waren und sind im Westen Amerikas immer noch Ware. Blue war ein »technischer Totalschaden«. Mir wurde von der Operation abgeraten, da diese weit mehr kosten würde, als das Pferd »wert« sei. Außerdem war die Erfolgsaussicht mehr als fraglich. Jede Ware hat ihren Preis. Doch wie hoch ist der Gegenwert von Liebe?

Ich bat das Arztehepaar Dr. Shamis alles zu tun, um meine geliebte Blue zu retten. Stundenlang wurde operiert. Würde Blue jemals wieder normal laufen können? Mit einer von Herrn Dr. Shamis gebastelten Gipsmanschette brachten wir Blue zur Ranch zurück.

Um es vorwegzunehmen, wir schafften es. Ein langes Jahr mußte dieses liebe Pferd in einer Box gehalten und zweimal täglich versorgt werden. Wir sind glücklich, daß Blue heute wieder völlig gesund ist, wenngleich sie auch vor lauter Dankbarkeit noch aufdringlicher geworden ist.

Ich möchte mich an dieser Stelle nochmals bei den Ärzten Frau und Herrn Dr. Shamis nicht nur für ihre Leistung bedanken, sondern auch für den Brief, der uns nach der Genesung von Blue erreichte. Darin teilten sie uns mit, daß sie einen erheblichen Teil der von uns bezahlten Operationskosten der Tierforschung zur Verfügung stellen. Sie wollten damit ihren Anteil zur Treue einem Pferd gegenüber leisten.

All dies konnte Apache nicht begreifen. Seine Wiedersehensfreude und die Hoffnung auf eine Belohnung wurden von mir nicht er-

Dank der großartigen Hilfe des Arztehepaars Dr. Shamis wurde meine geliebte Blue gerettet – um mir heute noch aufdringlicher zu folgen.

füllt. Er war wieder enttäuscht worden. Wenn ich die Koppel betrat, lief er beleidigt davon. So war ich also vorgewarnt, als ich auf Apache den nächsten Ausritt mit zehn Reitern anführte. Unwillig trug er mich hinunter zum »Walnut-Gulch«, einem ausgetrockneten Flußbett.

Etwa drei Mal im Jahr entsteht hier binnen Minuten ein reißender Fluß, wenn der Boden bei kurzen, aber sintflutartigen Regenfällen in den Bergen das Wasser nicht mehr aufsaugen kann. Ein beeindruckendes Naturschauspiel. Und einen Tag später ist der Spuk schon wieder vorbei.

Ich war voll auf Apache konzentriert. Seine Verspannung und der tückische Blick versprachen nichts Gutes. Er wollte – oder mußte – seine Wut auf mich abreagieren, die aus der Enttäuschung geboren war. Beim Übergang in den Jog, einem langsamen Trab, war es dann so weit. Drei Bocksprünge konnte ich mit nach hinten genommenem Oberkörper ohne Probleme aussitzen. Mich übermannte die Wut über seine Aktion. Mit einer Parade, verbunden mit einem strafenden, sporenlosen Absatz, wollte auch ich ihm gegenüber meinen Mißmut für sein Verhalten zum Ausdruck bringen.

Das hätte ich nicht tun sollen. Noch in derselben Sekunde landete ich mit meinem Kopf voraus im weichen Sand des Wash. Es ging alles so schnell, daß ich nicht wußte, wie Apache dieses Kunststück vollbracht hatte. Es wurde mir jedoch ausführlich geschildert:

Apache stieg nicht, sondern machte das Gegenteil; er warf seine muskelbepackte Hinterhand weit nach oben, drehte dort seinen Körper blitzartig nach rechts und katapultierte mich mit einem gewaltigen Katzenbuckel in den Sand.

Wenn Pferde noch so sehr buckeln, kann man als Reiter immer wieder in den Sattel kommen. Doch beherrschen sie einmal das seitliche Abdrehen beim Buckeln, gelten sie als unreitbar, denn dabei wird der beste Reiter zum Flieger. Apache hatte diesen Trick nicht nur gelernt, er ist darin ein Meister.

Als könnte er kein Wässerchen trüben, stand er völlig ruhig neben mir und schaute mir interessiert zu, wie ich mich aus dem Sand hochrappelte. Der tückische und wütende Augenausdruck war einem friedlichen und zufriedenen Blick gewichen. Ich wußte, jetzt konnte ich wieder gefahrlos in den Sattel steigen und ihn ohne Zügel bedenkenlos reiten. Ich durfte ihn nicht bestrafen. Durch sein fehlendes, nur den Menschen vorbehaltenes, logisches Denkvermögen, konnte er die Hintergründe nicht verstehen. Seine Gefühle waren die Triebfeder für das, aus seiner Sicht, völlig richtige Verhalten.

Apache hatte mir eine Lektion erteilt.

Er hatte mir eine Lektion erteilt, die ich mit der Nichtbeachtung seines Gefühlslebens verdient hatte. Seine Zuneigung, seine neu entdeckte Liebe zu den Menschen und sein Dienen-Wollen wurden ihm nach seiner Meinung nicht gedankt. Ich hatte sie als Selbstverständlichkeit hingenommen.

Es war der Beginn meines Umdenkens. Überdeutlich wurde mir klar, daß Pferde, ebenso wie Hunde, Eifersucht kennen, daß Gefühle ihre Reaktionen auslösen. Wir müssen lernen, das Pferd nicht nur als Sportgerät zu betrachten, sondern der Persönlichkeit Pferd mit Achtung zu begegnen, ihre Liebe und Leistungsbereitschaft zu würdigen und zu danken, wenn sie uns ohne Zwang, sicher und mit endloser Ausdauer und Geduld durch die Landschaft tragen. Wenn wir uns dann in voller Harmonie, Freundschaft und gegenseitiger Achtung auf dem Rücken eines lebenden Tieres dort bewegen, wo wir alle herkommen, dann ist das Wunder Schöpfung vollkommen – Natur, Tier und Mensch.

In der Schöpfung vereint: Natur, Tier und Mensch.

Um das Verhalten meines Freundes Apache analysieren und dadurch verstehen zu können, gilt es zunächst einmal, Begriffen wie Trieb, Instinkt, Sinn, Wahrnehmung, Empfindung, Reaktion und vor allen Dingen der Bezeichnung Gefühl eine klare Bestimmung zuzuweisen. Kein Begriff wurde mehr interpretiert und verkannt als das Gefühl. Es gibt darüber keine allgemeinverbindliche Definition. Oft wird es mit Bewußtseinszuständen in Verbindung gebracht, als Erlebnis dargestellt oder als Tätigkeit des vegetativen Nervensystems genannt. Die in einem engen Bedeutungszusammenhang genannten Begriffe wie Emotion, Affekt und Stimmung tragen auch nicht zur klaren Definition des Wortes Gefühl bei, sondern verwirren noch mehr.
Wie schrieb Bottenberg in seinen psychologischen Abhandlungen:

> *»Über das, was Gefühle sind und welche Funktionen sie haben, gibt es so viele Ansichten wie Personen, die sich damit beschäftigt haben.«*

Dies alles kann nicht befriedigend sein, wenn man sich die Tatsache vor Augen führt, daß die Existenz des gesamten Universums ganz klaren Gesetzen unterliegt. Die Anziehung zwischen Erde und Sonne ist so groß wie die Fliehkraft, würden wir doch sonst entweder bei der Kollision mit der Sonne verglühen oder in die absolute Kälte des unendlichen

Weltraumes hinausgeschleudert werden. Wir kennen längst das Hebelgesetz – was an Kraft gewonnen wird, geht an Weg und Zeit verloren. Alles kann nur in einem natürlichen Gleichgewicht existieren.

In diesem obersten Naturgesetz des Ausgleichs ist kein Platz für überlappende Begriffe, wie sie in der Psychologie für die Bezeichnung Gefühl und den gesamten Ablauf der Handlungen eines Lebewesens üblich sind.

Jeder Handlungsablauf eines Tieres muß in einem klaren, dem Naturgesetz unterliegenden Schaltsystem funktionieren.

So muß auch jeder Handlungsablauf eines Tieres in einem klaren, dem Naturgesetz unterliegenden Schaltsystem funktionieren. Dies habe ich gründlich erforscht. Ich erkannte plötzlich die Tatsache, daß das Gefühl nicht nur die wichtigste Schaltstation in diesem Handlungsablauf ist, sondern auch das Grundgefühl im Körper eines Lebewesens bestimmt, das allein über dessen Wohl- oder Unwohlempfinden entscheidet.

Beim Ablauf einer Handlung werden alle Reaktionen vom Gefühl ausgelöst.

Außer den Reflexen des Körpers werden beim Ablauf einer Handlung alle Reaktionen vom Gefühl ausgelöst. Dies ergibt ganz klar und einleuchtend die Analyse und die Kenntnis des Ablaufs einer Handlung.
Vier klar abgegrenzte Faktoren bilden das Schaltsystem einer Handlung:

1. Sinn
Die Aufgabe der Sinne ist die neutrale Wahrnehmung durch die äußeren und inneren Sinnesorgane. Diese Wahrnehmungen werden über die Nervenbahnen an das Gehirn weitergeleitet.

2. Empfindung
Die Empfindung ist die Wertung der neutralen Wahrnehmung durch
a) den Instinkt,
b) die momentanen Eindrücke und
c) die erlernten Erfahrungen.

3. Gefühl
Die Empfindung löst nun ein spezifisches Gefühl aus, das gleichzeitig auch das körpereigene Grundgefühl beeinflußt.

4. Reaktion
Das Gefühl erzeugt nun eine Reaktion des Körpers, die von
a) dem Instinkt oder
b) dem erlernten Verhalten geprägt ist.

Es müssen zum Begreifen einer Handlung also nicht nur das Gefühl, sondern auch die drei weiteren tangierenden Begriffe Sinn, Empfindung und Reaktion gründlich analysiert werden.

Bei Kenntnis aller das Handeln eines Pferdes betreffenden Faktoren wird ein Pferd zu einem kalkulierbaren Sportkameraden. Tiere können nur so reagieren, wie es die angestammten Verhaltensweisen und Triebe von ihnen fordern. Betrachten wir also nun im Detail die Zusammenhänge, die zur Handlung eines Pferdes führen.

Der Sinn ist in Bezug auf alle Lebewesen, einschließlich der Menschen, ein durch zahlreiche Bedeutungen gekennzeichneter Begriff, dessen Vielfalt sich bezieht auf

1. die Wahrnehmungen
2. die geistigen Gehalte
3. das Handeln der Menschen
4. das Selbstverständnis individuellen Lebens

Für das Verständnis des Verhaltens von Tieren ist jedoch nur die Wahrnehmung der Sinnesorgane und die Übermittlung dieser Reize an das zentrale Nervensystem erforderlich. Zur Aufnahme des Reizes durch komplizierte Sinnesorgane dienen spezialisierte Sinneszellen, die Rezeptoren. So unterscheiden wir bei der Aufnahme von Wahrnehmungen äußere und innere Sinnesorgane:

Sinne und äußere Sinnesorgane für die Reize der Außenwelt (Exterozeptoren)

1. Augen *für das Sehen*
2. Ohren *für das Hören*
3. Nase *für das Riechen*
4. Zunge *für das Schmecken*
5. Haut *für das Tasten*
6. Temperatursinn *für das Wärme- und Kältegefühl*

Innere Sinnesorgane für den Körper

1. Interozeptoren *für den Organismus*
2. Viscerozeptoren *für die Eingeweide*
3. Propriozeptoren *für Muskeln und Sehnen*
4. Nozizeptoren *für den Schmerz*

Die äußeren Sinnesorgane Augen, Ohren und Nase.

Die Sinneszellen der äußeren Sinnesorgane nehmen die auf den Körper wirkenden Reize auf und leiten die Erregung über die Nervenbahnen zur Bewertung in das Gehirn.

Die Sinneszellen der inneren Sinnesorgane reagieren auf Veränderungen im Organismus. Die Reize, die auf das Drängen auf Ausgleich von Bedürfnissen und Mangelerscheinungen des Körpers entstehen, ausgelöst durch Nahrung, Drogen oder Hormone, werden über Nervenbahnen zur Bewertung zum Gehirn geleitet.

Es muß also zum klaren Verständnis der Schaltvorgänge im Ablauf eines Triebes oder einer Handlung unter *Sinn* die Wahrnehmung der äußeren und inneren Sinnesorgane und die Weiterleitung an das Gehirn verstanden werden.

Die Wahrnehmung der Sinnesorgane ist grundsätzlich von neutraler Natur. Die Sinnesorgane als solche nehmen keinerlei Wertung der auf sie wirkenden Eindrücke vor.

Empfindung

Die Empfindung ist die Entscheidung des Gehirns über die Wertigkeit der Reize, die über die äußeren und inneren Sinnesorgane aufgenommen wurden. Leider ist auch die Auslegung dieses Begriffes in der Psychologie völlig unklar. Bei der hier klaren und logischen Definition des Ablaufes einer Handlung, kann die Empfindung nur die Wertung der Wahrnehmung der Sinnesorgane sein.

Diese Wertung der Informationen der inneren und äußeren Sinnesorgane wird von drei Faktoren geprägt:

1. durch den Instinkt

Der Instinkt ist der Speicher der ererbten Erfahrungen. Der Geruch eines Raubtieres löst bei einem Pferd das Gefühl der Panik aus. Dieses angeborene Feindbild wird als Erfahrung vieler Generationen über die Erbmasse weitergegeben und ist im Instinkt eines Pferdes gespeichert. Die Empfindung erzeugt nun das Gefühl der Panik.

Momentane Einflüsse und erlernte Erfahrungen: Durch die Berührung des »heißen Drahts« entsteht das Gefühl Schmerz.

2. durch momentane Einflüsse

Bei der ersten Berührung eines Pferdes mit einem elektrischen Weidezaun wird der Stromschlag zu einer negativen Wertung des bis dahin neutralen Bildes führen. Es entsteht das Gefühl Schmerz, das nun die entsprechende Reaktion des Pferdes auslöst.

3. durch erlernte Erfahrungen

Eine erneute Konfrontation mit einem elektrischen Weidezaun löst durch die negative Lernerfahrung sofort Angst aus. Das Pferd wird die Berührung dieses »heißen Drahtes« meiden.

Die Empfindung wertet also die, von den Sinnesorganen gesendeten Reize, löst das entsprechende Gefühl aus und ordnet dieses in ein negatives oder positives Grundgefühl ein.
Die Empfindung entscheidet, ob ein Geräusch oder ein Ton angenehm, sanft oder schrill bis schmerzhaft ist, ob das Erblicken eines Raubtieres Gefahr darstellt oder das Bild einer Herde Geborgenheit in Aussicht stellt.
Die Empfindung verspricht Wohlempfinden bei dem Geruch guten Heus oder Magenschmerzen bei der Aufnahme von Giftpflanzen.

Die Empfindung ist eine der vier wichtigen Schaltstationen beim Entstehen einer Handlung. Sie ist die Wertung einer Wahrnehmung.

Ein Tier kann nicht falsch sein« ist der wichtigste Satz im Umgang mit Pferden. Nur der Mensch mit seinem logischen und schöpferischen Denkvermögen kann das berühmte »Messer hinter dem Rücken wetzen«. Das heißt, er kann Dir freundlich ins Gesicht lachen, in Wirklichkeit aber Böses gegen Dich hegen. Pferde können sich nur so verhalten, wie es ihre angestammten Verhaltensweisen von ihnen fordern.

Das gesamte Universum ist auf Logik und feste Gesetze aufgebaut. Es kann also nur dann etwas existieren und überleben, wenn es in dieses Schema hineinpaßt. Durch Mutation, die sprunghafte Erbveränderung, eine Laune der Schöpfung, entstand nun die Vielzahl der unterschiedlichsten Lebewesen. In mehr als 70 Millionen Jahren entwickelte sich so aus einem fuchsgroßen fünfzehigen Tier das heutige, einhufige Pferd. Wie sich der Körper an die Umweltbedingungen angepaßt hat, um überleben zu können, paßte sich auch das Verhalten der Tiere an die Evolution an. Diese angeborenen Verhaltensweisen werden vom Instinkt gesteuert. Der Instinkt ist der Speicher:

Durch den Mangel an Blutzucker und die Leere des Magens entsteht das Gefühl Hunger, welches das Freßverhalten auslöst.

1. der ererbten Erfahrungen

Ein Pferd, das in seinem Leben niemals einen Puma gesehen hat, wird bei der ersten Konfrontation mit diesem Tier sofort in Panik ausbrechen. Das Feindbild wird dem Pferd in der Erbmasse überliefert.

2. der Erkenntnis der Bedürfnisse und Mangelerscheinungen des Körpers

Diese werden durch Drogen, Hormone und Nahrung ausgelöst, von den inneren Sinnesorganen erkannt und zur Wertung in das Gehirn geleitet. Die Meldung des Mangels an Blutzucker und die Leere des Magens wird über Rezeptoren aufgenommen und an das Gehirn übermittelt. Der Instinkt bewertet nun diese Reize und löst das Gefühl Hunger aus. Die Reaktion des Körpers darauf ist das Freßverhalten.

3. der ererbten Reaktionen des Körpers

Alle Reaktionen des Körpers, die nicht aus erlernten Erfahrungen erfolgen, werden von der Erbmasse geliefert. Die Reaktion Flucht auf das Gefühl Panik und das Zähneknacken der Fohlen als Unterwürfigkeitsgeste sind instinktive Reaktionen des Körpers.

So ist der Instinkt, neben dem momentanen Lernprozeß und den erlernten Erfahrungen, eine von drei Schaltstationen im Gehirn. Der Instinkt erkennt die von den äußeren und inneren Sinnesorganen gemeldeten neutralen Impulse und wertet sie. Das nun entstehende Gefühl löst die zum Überleben erforderliche Reaktion des Körpers aus. Diese wird vom momentanen Lernprozeß, den erlernten Erfahrungen oder dem ererbten Verhalten, dem Instinkt, gesteuert.

Der Instinkt ist also der Speicher für alle Informationen, die zum Überleben eines Tieres erforderlich sind. Im heutigen Sprachgebrauch würde man sagen: der Computer des Körpers.

Gefühl

Es ist für mich unverständlich, warum bis heute die Bedeutung der Gefühle in ihrer vollen Tragweite noch nicht erkannt wurde. Sie sind die Ursache der Reaktionen und somit wichtigster Schaltpunkt jedes Handelns. Darüber hinaus prägen sie das Grundgefühl jedes Lebewesens, das nicht nur für das Wohl- oder Unwohlempfinden entscheidend ist, sondern auch den Gesundheitszustand wesentlich beeinflussen kann.

Wir werden später noch negative Auswirkungen bei Pferden erkennen, wenn das Grundgefühl nicht im Gleichgewicht ist, wie es das Naturgesetz fordert.

Aufbau der Gefühle

Die Handlung eines Lebewesens ist bei genauer Analyse in vier klare Schaltstationen eingeteilt. Dabei ist das Gefühl die dritte und wichtigste Stufe. Nicht nur, daß alle Reaktionen davon ausgelöst werden, die Vielzahl der einzelnen Gefühle zeigt auch die Priorität der Emotion.

Die Handlung eines Lebewesens ist in vier klare Schaltstationen eingeteilt.

Ein Gefühl entsteht durch folgende Vorgänge:

1. durch das Senden einer neutralen Wahrnehmung an das Gehirn

Sinne sorgen dafür, daß die von äußeren und inneren Sinnesorganen gemachten Wahrnehmungen zum Gehirn weitergeleitet werden. Nehmen die äußeren Sinnesorgane Augen, Ohren, Nase, Zunge und Haut Eindrücke auf, so melden Rezeptoren Bedürfnisse und Mangelerscheinungen des Körpers.

2. durch die Wertung der Empfindung

Diese wird geprägt durch
a) den Instinkt *(ererbte Erfahrungen)*
b) momentane Eindrücke
c) erlernte Erfahrungen

Entstehung des Gefühls

Die Wertigkeit der Empfindung löst im Gehirn ein Gefühl aus. Von dort aus erfolgt nun eine dementsprechende Reaktion im Körper. Die Reaktion wird vom Instinkt, also den in der Erbmasse verankerten oder den erlernten Erfahrungen, gesteuert.

Ausgleich der Gefühle

Auch Gefühle unterliegen dem Naturgesetz des Ausgleich.

Auch bei der Betrachtung der Gefühle ist wieder das Naturgesetz des Ausgleichs klar zu erkennen. Es gibt auch hier keine einseitigen Gefühle. So hat jedes Gefühl auch ein Konträrgefühl und ist in das klare Schema des positiven oder negativen Grundgefühles einzuordnen.

Auch in uns Menschen ist das Gefühlsleben tief verwurzelt. Wohl erhielten wir mit dem logischen Denkvermögen von der Schöpfung das Werkzeug, Gefühle beeinflussen zu können. Doch wie oft sind wir gegen unseren Willen der Spielball unserer Emotionen. Leicht zu erklären, gehen die Wurzeln unserer Gefühle doch weit in die Geschichte unserer tierischen Vorfahren zurück. Die Ratio dagegen ist so jung wie die Menschheitsgeschichte.

So müssen wir bei der Aufgliederung von Gefühlen auch klar zwischen Gefühlen unterscheiden, denen alle Lebewesen, also Tier und Mensch, unterliegen und den Gefühlen, zu denen nur der Mensch mit seinem logischen Denkvermögen fähig ist.

Um die Vielzahl der Gefühle richtig deuten und einordnen zu können, unterscheiden wir nun in primäre und sekundäre Gefühle.

Primäre Gefühle

Als primäre Gefühle bezeichne ich die Gefühle, denen alle Lebewesen, also Mensch und Tier, unterliegen. Diese Gefühle sind wieder in zwei Kategorien einzuteilen:

1. körpereigene Reizgefühle
2. triebbedingte Gefühle

Interessant ist dabei auch die Erkenntnis, daß alle Gefühle wiederum im Gleichgewicht liegen. Jedes positives Gefühl hat als Gegengewicht ein negatives Gefühl. Nachfolgend einige der wichtigsten Gefühle:

Jedes positives Gefühl hat als Gegengewicht ein negatives Gefühl.

Negatives Grundgefühl	*Positives Grundgefühl*
Reizgefühle	
Hunger und Durst	Sattsein
Müdigkeit	Bewegungsfreude
Schmerz	Wohlbefinden
Triebbedingte Gefühle	
Angst	Geborgenheit
Wut	Zuneigung
Erschöpfung	Energie und Tatendrang
Trauer, Leid	Freude
Sexualverlangen	Sexuelle Befriedigung
Unterlegenheit	Überlegenheit
Antipathie	Sympathie
Haß	Liebe
Eifersucht	Zufriedenheit, Glück
Respekt	Dominanz

Alle Lebewesen, also Mensch und Tier, unterliegen den oben genannten primären Gefühlen. Darüber hinaus entstanden beim Menschen, geprägt durch den Verstand, Gefühle, die ein schöpferisches Denkvermögen voraussetzen, die sekundären Gefühle.

Sekundäre Gefühle

Sekundäre Gefühle sind Gefühle, zu denen nur der Mensch fähig ist. Sie unterteilen sich in

1. kognitive Gefühle und
2. abstrakte Gefühle.

Nur der Mensch ist zu sekundären Gefühlen fähig.

Kognitive Gefühle
(auf einer Erkenntnis beruhend)

Negatives Grundgefühl	Positives Grundgefühl
Schuldgefühl	Rechtsgefühl
Gleichgültigkeit	Ehrgeiz
Demut	Stolz
Mitleid	Bewunderung
Verachtung	Anerkennung

Kognitive Gefühle resultieren aus einem konstruierten Zustand oder einer künstlichen Konstruktion.

Kognitive Gefühle resultieren aus einem konstruierten Zustand oder einer künstlichen Konstruktion. Ein Schuldgefühl kann nur dann entstehen, wenn die Konstruktion Recht geschaffen wurde. Das Recht ist jedoch kein feststehender Begriff, sondern wird von der jeweiligen Gemeinschaft festgelegt. Was in einem Staatsgefüge Recht ist, kann im anderen Unrecht sein. So basiert ein Schuldgefühl immer auf der jeweils konstruierten Rechtsauffassung.

Wie das Schuldgefühl auf einer künstlichen Konstruktion basiert, können auch Gefühle wie Stolz und Ehrgeiz nur bei einem konstruierten Zustand entstehen. Der Wille, Klassenbester zu werden, entwickelt den Ehrgeiz, der Klassenbeste zu sein erzeugt Stolz.

Abstrakte Gefühle
(situationslose Gefühle)

Negatives Grundgefühl	Positives Grundgefühl
Todesangst	Lebensfreude
Prüfungsangst	Selbstvertrauen
Eifersucht	Selbstsicherheit
Hoffnungslosigkeit	Hoffnung

Im Gegensatz zu Tieren ist der Mensch in der Lage, sich irreale Situationen vorzustellen und dabei wirkliche Gefühle zu entwickeln.

Im Gegensatz zu Tieren, die nur aus einer momentanen Situation ein Gefühl entwickeln können, ist der Mensch in der Lage, sich irreale Situationen vorzustellen und dabei reale, also wirkliche Gefühle zu entwickeln.

Betrachten wir dabei einmal den Begriff Eifersucht. Diese kann situationsbezogen, triebbedingt sein (Apache), aber auch situationslos. Die Ehefrau zu Hause kann bei der Vorstellung der Untreue ihres Ehemannes, der sich auf einer Geschäftsreise befindet, begründete oder unbegründete Eifersucht entwickeln.

Man sagt auch: »*Die Vorfreude ist die schönste Freude*«, selbst wenn das freudige Ereignis nie zustande kommen sollte.

So entstehen abstrakte Gefühle, die immer ohne Bezug zur Realität sind.

Bewußte Gefühle

Sich über Gefühle bewußt zu werden, ist eine Eigenschaft, zu der nur der Mensch mit seinem Verstand fähig ist. Tiere fühlen Hunger, Durst, Schmerz oder auch Geborgenheit. Das Wissen, diese Gefühle zu haben, ist ihnen jedoch verwehrt.

Das Wissen und das Erkennen eines Gefühls ist für den Menschen von äußerster Wichtigkeit. »*Der Mensch hat mit dem Verstand das Werkzeug von der Schöpfung erhalten, Gefühle nicht nur erkennen, sondern auch steuern zu können*«.

Das Wissen um das Gefühl und das Erkennen eines Gefühls ist für den Menschen von äußerster Wichtigkeit.

Dieses ist für das Grundgefühl eines Menschen so wichtig. Selbst wenn ein schmerzendes Bein Unwohlempfinden auslöst, kann diese Tatsache mit dem Verstand als nicht änderbar akzeptiert und durch positives Denken auch das Grundgefühl zum Guten verändert werden.

Beim Umgang mit dem Pferd ist das Wissen des Reiters, eigene Gefühle beeinflussen und zum Positiven verändern zu können, entscheidend. Dies ist an einem Beispiel klar zu erkennen.

Zeigt der Reiter beim Anblick eines Kraftfahrzeugs Angst, wird sich diese auf das Pferd übertragen.

Zeigt ein Reiter beim Anblick eines Lastzuges Unsicherheit und Angst, wird sich dieses Gefühl sofort auf das Pferd auswirken. Erkennt der Reiter diese Tatsache, kann er dank seines Verstandes die Angst besiegen und Mut entwickeln. Dieser wird sich in Form von Energie und Sicherheit auf das Pferd übertragen.

Bei dieser Gelegenheit muß auch gleich mit dem Irrtum aufgeräumt werden, Tiere könnten mutig sein. Mutig sein heißt, die vorhandene Angst zu besiegen. Dies kann nur der Verstandesmensch. So kann bei fleischfressenden Aggressionstieren nicht von mutig gesprochen werden, sie kennen nur keine Angst. Unschwer ist dies an folgendem Beispiel zu erkennen: Vor dem Haus ist ein verdächtiges Geräusch zu hören. Der Mensch kann mit Mut seine Angst vor dem Ungewissen in der Dunkelheit überwinden. Der kleinste Dackel dagegen wird ohne zu zögern lauthals bellend hinausstürmen. Er ist nicht mutig, er hat nur keine Angst.

Wo keine Angst ist, braucht diese auch nicht mit Mut überwunden zu werden.

Reaktion

Die Reaktion ist antwortendes Verhalten auf ein Gefühl. Das heißt, es geht jeder Reaktion ein Gefühl voraus. Die Reaktion wird gesteuert:

1. vom Instinkt
2. vom Gedächtnis

Vom Instinkt

(bei angeborenem Verhalten)

Die Unterwürfigkeit eines Tieres ist die instinktive Reaktion auf das Gefühl Angst.

Die Unterwürfigkeit eines Tieres ist eine instinktive Reaktion auf das Gefühl Angst. Die Aggression auf Ungehorsam im Dominanzverhalten ist die Antwort auf das Gefühl Wut. Das Beißen, Buckeln und Steigen ist Wehrverhalten, ausgelöst vom Gefühl Panik.

Das Nachlaufen des rangniederen hinter dem dominanten Tier ist dem Geborgenheitsgefühl zuzuschreiben, und das Freßverhalten entsteht aus dem Gefühl Hunger.

Vom Gedächtnis

(bei erlerntem Verhalten)

Vom Gedächtnis geprägtes Handeln ist die Annahme des Unterschenkels als treibende Hilfe. Das Anhalten auf Zügeldruck ist die Reaktion auf das Engegefühl. Das Meiden des Elektrozaunes, nach schmerzenden Erfahrungen, wird vom Gefühl Angst veranlaßt, und beim Betteln um Belohnung ist die Freude die Triebfeder.

Der auslösende Faktor für eine Reaktion ist das Gefühl. Daneben gibt es aber noch eine Körperreaktion ohne Wertung des Gehirns, den Reflex.

Reflex

Reflexe sind Reaktionen, die nicht über das Gehirn gesteuert werden.

Der Reflex ist eine zwangsläufig auf einen bestimmten Reiz eintretende Reaktion. Hierbei lösen Reize Muskelreaktionen aus, die autonom von Schaltzellen im Rückenmark gesteuert und nicht über das Gehirn geleitet werden.

Der Lidschluß der Augen bei Pferden, der Stellreflex bei Katzen (die Katze kommt, wenn sie fällt, immer auf den Pfoten auf) und der Kniesehnenreflex beim Menschen (Streckung des Beines beim Schlag unterhalb der Kniescheibe) sind Beispiele für einen Reflex.

Da Reflexe jedoch beim Verhalten der Pferde gegenüber dem Menschen kaum zum Tragen kommen, kann auf eine detaillierte Betrachtung verzichtet werden.

*T*RIEB

*I*n der Psychologie gibt es außer dem Gefühl kaum einen Begriff, über den es unterschiedlichere Meinungen und Auslegungen gibt als über den Begriff Trieb. Einmal löst der Trieb im Körper die Reizsuche aus, dann ist der Trieb wieder das Ziel der Spannungsbefriedigung. Triebe werden mit dem Instinkt gleichgestellt und dieser wieder ganz abgelehnt. Der Trieb kann auch nicht mit dem Ablauf einer Handlung identifiziert werden, denn in diesem völlig klaren und logischen Vorgang, von der Wahrnehmung bis zur Reaktion, ist dafür kein Platz.

Triebe sind die Handlungen, die – ohne Steuerung durch das Bewußtsein – zum Überleben einer Art unabdingbar sind.

In der logischen Betrachtungsweise des Gesamtverhaltens eines Lebewesens kann das Wort Trieb nur für die Summe der Handlungen angewandt werden, die, ohne Steuerung durch das Bewußtsein, zum Überleben einer Art unabdingbar sind. Damit ist das Wort Trieb zu einem klar definierten Begriff geworden.

Bei gründlichem Studium der als Triebe bezeichneten Verhaltensweisen eines Pferdes erkennt man eine gesetzmäßige, pyramidenförmige Ordnung:

Arterhaltungstrieb	
Selbsterhaltungstrieb	Fortpflanzungstrieb
Angsttrieb	Sexualtrieb
Fluchttrieb	Muttertrieb
Herdentrieb	
Dominanztrieb	
Ernährungstrieb	
Bewegungstrieb	

In der pyramidenförmigen Anordnung der Triebe sind im übergeordneten Arterhaltungstrieb alle körperinneren und äußeren Verhaltensweisen enthalten, die zum Fortbestand einer Art erforderlich sind.

Dieser unterteilt sich in den Selbsterhaltungstrieb und den Fortpflanzungstrieb.

*S*elbsterhaltungstrieb

Der Selbsterhaltungstrieb sichert die eigene Existenz.

Der Selbsterhaltungstrieb löst alle Verhaltensweisen eines Tieres aus, die es selbst zum Überleben benötigt: das Angstverhalten vor dem überlegenen Raubwild, das von Panik ausgelöste Wehrverhalten, wenn eine Flucht nicht möglich ist, das Schutzbedürfnis in einer Herde und die vom Hunger geforderte Futtersuche, die den Bewegungstrieb auslöst.

Es sind Verhaltensweisen, die dazu dienen, die eigene Existenz zu sichern.

Der Selbsterhaltungstrieb ist egozentrisch auf das einzelne Individuum beschränkt. Für die Erhaltung der Art muß jedoch auch die Fortpflanzung gesichert sein.

Fortpflanzungstrieb

Der Fortpflanzungstrieb löst alle Verhaltensweisen eines Tieres aus, die es zum Weiterbestehen seiner Art benötigt, wie das sexuelle Verhalten mit dem Ziel der Kopulation und Befruchtung.

Aber auch der Schutz der hilflosen Nachkommen in der gnadenlosen Natur muß gesichert sein. Dies erfordert jedoch ein atypisches Verhalten gegenüber dem Selbsterhaltungstrieb, in dem der Schutz eines Schwächeren keinen Platz hat. Um den Neugeborenen eine Überlebenschance zu geben, entstand der Muttertrieb. Dieser zeigt ein selbstloses Verhalten eines Muttertieres, das jederzeit bereit ist, sein Leben für das Neugeborene zu opfern.

So ist mit dem Selbsterhaltungstrieb und dem Fortpflanzungstrieb der Fortbestand einer Art gesichert.

Der Fortpflanzungstrieb dient der Arterhaltung.

Betrachten wir nun die einzelnen Triebe der Pferde und beginnen mit dem, jedes Verhalten überlagernden Angsttrieb.

Angsttrieb

Der Angsttrieb ist der vorrangige Trieb des Fluchttieres Pferd, der jedes Verhalten beeinflußt. Aus ihm entsteht das ausgeprägte Herdenverhalten, denn nur die Herde bietet dem Individuum Schutz.

Für das Funktionieren einer Herde ist eine klare Rangordnung erforderlich, ohne die weder eine Herde, noch ein Rudel, noch eine menschliche Gemeinschaft bestehen kann. So überlagert der Angsttrieb auch das Freß- und Sexualverhalten der Pferde.

Angst erzeugt Unterordnung.

Angst erzeugt Unterordnung.

Eine meiner wichtigsten Erkenntnisse ist die Tatsache, daß Angst beim Pferd nicht, wie allgemein angenommen, Wehrverhalten *und* Unterordnung auslösen kann. Auch meine Analysen sind immer wieder an dieser irrigen Auffassung gescheitert. Auf dieser Grundlage konnte kein logischer Verhaltensablauf konstruiert werden.

Schließlich habe ich klar erkannt: Angst löst nicht Wehrverhalten, sondern nur Unterwürfigkeit aus.

Angst löst nicht Wehrverhalten, sondern nur Unterwürfigkeit aus.

Dies ist unschwer an der Reaktion des rangniederen Pferdes auf die Drohgebärden des dominanten Tieres zu erkennen. Das Weglaufen ist keine Flucht, sondern die Angst des Unterlegenen veranlaßt diesen, sich aus dem Intimbereich des Überlegenen zu entfernen.

Damit bestätigt sich leider, daß Pferde tatsächlich mit angsterzeugenden Hilfsmitteln in eine Unterwürfigkeit getrieben werden können. Die dabei entstehenden Probleme müssen jedoch klar erkannt werden: Durch das negative Grundgefühl, das durch das Gefühl Angst ausgelöst wird, entsteht ein Unwohlempfinden des Pferdes. Es zeigt dadurch keine Leistungsbereitschaft, ist unwillig und wird auf Dauer ein gestörtes Verhalten entwickeln. Um das zum Überleben notwendige Gleichgewicht wieder herzustellen, sucht der Körper durch Fehlverhalten diese Mangelerscheinung wieder auszugleichen. Es entstehen Untugenden und Aggression.

Werden Pferde mit Belohnung ausgebildet, bewegen sie sich im positiven Grundgefühl. Sie zeigen Leistungsbereitschaft, sind berechenbar und willig, dem Ranghöheren zu dienen, wie es die Natur fordert.

Wehrverhalten

Panik löst das Wehrverhalten des Pferdes aus. Es reagiert dann unkontrolliert.

Plötzlich fiel es mir wie Schuppen von den Augen. Nicht Angst, sondern *Panik* löst das Wehrverhalten bei einem Pferd aus. Dies ist klar beweisbar, da die Bewegungen beim Wehrverhalten eines Pferdes panikartig, das heißt unkontrolliert, sind.

Dies ist wiederum leicht an einem Beispiel zu erkennen: Wenn ein Schwimmer im Meer bei hohen Wellen Angst bekommt, ist er immer noch in der Lage, sich über Wasser zu halten. Gerät er aber durch das Schlucken von Meerwasser in Panik, wird selbst ein geübter Schwimmer durch unkontrollierte Arm- und Beinbewegungen sofort untergehen.

In Panik geratene Pferde rasen in einen Abgrund oder in Kraftfahrzeuge, schlagen wild aus, selbst wenn sie sich dabei die Beine an einem Zaun brechen. Oft zerfetzen sich die ängstlichen Fluchttiere sogar die Brust, wenn sie sich im Stacheldraht verhängen.

Die unkontrollierten Bewegungen des Wehrverhaltens sind Buckeln, Steigen, Ausschlagen, Beißen, Durchgehen bis hin zum Hinwerfen und Wälzen auf dem Boden. Im Gegensatz dazu sind die Bewegungen beim aggressiven Dominanzverhalten kontrolliert.

Fluchttrieb

Flucht ist die Reaktion auf Panik.

Der Fluchttrieb ist aus dem Angsttrieb geboren. Neben Buckeln, Steigen und Ausschlagen ist die Flucht eine der Waffen im Feindverhalten eines Pferdes. Die Flucht ist die Reaktion auf das Gefühl Panik.

Deshalb sind Pferde bei der Flucht nicht mehr kontrollierbar. Weder Stacheldrahtzäune noch Abgründe oder sonstige Hindernisse werden auf der Flucht wahrgenommen.

Mit diesem Wissen wird klar verständlich, daß ein Pferd auch mit scharfer und schmerzbringender Zäumung nicht am Durchgehen gehindert werden kann. Ganz im Gegenteil, der im empfindlichen Pferdemaul ausgelöste Schmerz läßt das Pferd noch schneller flüchten. In den meisten Fällen ist gerade der schmerzhafte Einsatz einer Kandare die Ursache der Panik. Hat ein Pferd jemals gelernt, dem Schmerz davonlaufen zu können, kann es mit keiner schmerzhaften Zäumung mehr gehalten werden. Mit dem schmerzfreien Schnurhalfter, dem »Bändele«, und dem Erreichen der Dominanz über das Pferd ohne Schmerzeinwirkung sind Durchgänger in kürzester Zeit wieder voll unter Kontrolle zu bringen.

Die Gründe dafür sind:

1. Die schmerzfreie Zäumung löst keine Panik aus, die das Feindverhalten zur Folge hat.
2. Die Dominanz des ranghöheren Menschen löst beim rangniederen Pferd das Gefühl der Geborgenheit aus.

*H*erdentrieb

Wegen des vorrangigen Angsttriebes, der jedes Verhalten eines Fluchttieres überlagert, ist der Herdentrieb bei Pferden sehr stark ausgeprägt. Die Herde bietet dem Einzelnen Schutz zum Überleben gegen die eisernen Gesetze der Natur. Ein Einzelgängerpferd in freier Wildbahn hätte keine Überlebenschance. Es wäre bald ein leichtes Opfer des feindlichen Raubwildes, wenn es ohne Schutz einer Herde beispielsweise dem Schlafbedürfnis nachkommen würde. Dies ist einer der Gründe für das stark ausgeprägte Herdenverhalten.

Die Herde bietet dem einzelnen Tier Schutz zum Überleben in freier Wildbahn.

Bei einer ziehenden Herde werden die vorderen sicheren Plätze von den ranghöchsten Tieren eingenommen, die schwachen und alten Tiere dagegen, als Futter für das Raubwild, auf die gefährlichen hinteren Plätze abgedrängt.

Darum ist auch das ständige Zurückhalten eines Pferdes hinter einer Reitergruppe niemals eine Dominanzübung, sondern verdirbt jedes Pferd. Dieses Tier muß Panik bekommen, denn »den Letzten beißen die Hunde«.

Eine Gemeinschaft, ein Rudel oder eine Herde ist nur dann existent, wenn eine klar abgesteckte Rangordnung besteht. So ist Dominanz eines der wichtigsten Themen für alle Menschen, die mit Pferden umgehen. Grundsätzlich waren es Dominanzprobleme bei hunderten Pferden, die ich in meiner langen Pferdelaufbahn korrigiert habe.

Die Herde braucht eine klar abgesteckte Rangordnung.

Dominanztrieb

Nur der Stärkste kann in der gnadenlosen Natur überleben. Nur der Stärkste darf sich fortpflanzen. Das sind die Gesetze der Natur und auch des Rangordnungsverhaltens in einer Herde, ohne die das Fluchttier Pferd gegen das Raubwild keine Überlebenschance hätte.

Nur der Stärkste kann in freier Natur überleben.

Nächstenliebe hat in den Gesetzen zum Überleben keinen Platz. Jeder ist sich selbst der Nächste und verteidigt seine ranghöhere Position mit allen ihm zur Verfügung stehenden Mitteln. Der Kampf um die ranghöchsten Plätze innerhalb der Herde ist gnadenlos.

Jedes Pferd ist bestrebt, in der Hierarchie der Herde den ranghöchsten Platz einzunehmen. Das Leittier besitzt alle Privilegien eines Herrschers. Es nimmt die besten Futterplätze in Anspruch, genießt die schattigsten Stellen bei Hitze, darf als erster seinen Durst stillen und als Hengst die rossigen Stuten decken. Es lohnt sich also, auf der Leiter der Rangordnung möglichst weit oben zu stehen.

Auch das spielerische Gerangel der Pferde dient dem Ausloten der Rangstelle.

Aus diesem Grund ist die Kenntnis des so stark ausgeprägten Herdenverhaltens für den Reiter so wichtig. Das Pferd herrscht oder es dient. Es gibt nichts dazwischen. So passieren auch Pferde in der Natur einen Engpaß genau in der Rangfolge der Herde. Niemals würde ein Pferd dulden, daß sich ein rangniederes Tier vor ihm in Sicherheit bringt, denn das letzte fällt dem Raubwild zum Opfer.

Das Passieren einer Engstelle in der klar abgesteckten Reihenfolge ist eine entscheidende Beobachtung zum Erlangen der Dominanz über ein Pferd bei der Bodenarbeit. Das Führen eines Pferdes an der Seite ist falsch. Das Pferd hat sich hinter dem Reiter einzuordnen. Niemals läuft ein ranghöheres Tier dem Rangniederen nach, immer übernimmt der Dominante die Führung.

Eine weitere Beobachtung bei Wildpferden ist für das Verhalten des Menschen im Umgang mit Pferden von äußerster Wichtigkeit: Das ranghöchste Tier (Hengst oder Stute) übernimmt das Sicherheitsdenken für die Herde. Naht eine Gefahr, übernimmt das Alpha-Tier bei der Flucht die Leitposition. Die Herde folgt ihm bedingungslos, bei einem Sprung in einen Abgrund sogar in den Tod.

Das bedeutet beim Umgang mit Pferden, daß das Pferd nur dann bereit ist, dem Menschen das Sicherheitsdenken zu überlassen, wenn er die Dominanz über das Tier besitzt. Diese darf jedoch nicht mit Schmerzeinwirkung erzwungen werden, da Schmerz beim Pferd Panik und somit Wehrverhalten auslösen kann.

Dominanz zu erreichen kann nicht heißen das Tier zu brechen, sondern es bedeutet, dem Pferd mit Klarlinigkeit und Konsequenz eine Führungspersönlichkeit zu bieten. Nicht das physisch stärkste, sondern das psychisch stärkste Pferd, das die energischsten Drohgebärden zeigt, ist in der Herde das ranghöchste Tier. Bei Wildpferden kommen daher beim Gerangel um die Rangordnung nur sehr selten Verletzungen vor. Nicht in Koppelzäune gesperrt, ist es ihnen fast immer möglich, den Rangansprüchen des Dominanten nachzukommen, weil der Weg zum Ausweichen frei ist.

Das Ignorieren einer Drohgebärde erzeugt beim dominanten Pferd das Gefühl der Wut.

Beim Dominanzverhalten haben wir es mit folgenden Verhaltensweisen zu tun, deren Kenntnis für Menschen im Umgang mit Pferden wichtig sind:

Beim dominanten Pferd:

1. Ungehorsam eines rangniederen Tieres löst Wut und dadurch Aggression aus.
2. Unterordnung eines rangniederen Tieres löst Machtgefühl und dadurch Souveränität aus.

Beim untergeordneten Pferd:

1. Aggression eines dominanten Tieres löst Angst und dadurch Unterordnung aus.
2. Souveränität eines dominanten Tieres löst Geborgenheit und dadurch Ruhe aus.

Aggression bei Ungehorsam

Beim Dominanzverhalten der Pferde zeigt sich ein atypisches Verhalten, das sonst bei einem Fluchttier nicht gezeigt wird: Aggression. Diese wird durch Ungehorsam eines rangniederen Pferdes ausgelöst. Aus diesem Grund ist das Dominanzverhalten als eigenständiger Trieb einzuordnen. Das Ignorieren einer Drohgebärde erzeugt beim dominanten Pferd sofort das Gefühl der Wut, die wiederum der auslösende Faktor für ein Angriffsverhalten ist.

Wir kennen alle die Verletzungen durch Tritt- und Bißwunden auf der Weide, wenn ein Pferd, in die Ecke gedrängt, den »angelegten Ohren« des Übergeordneten nicht ausweichen kann.

Geborgenheit bei Unterordnung

Beim rangniederen Pferd löst die Dominanz des ranghöheren Pferdes das Gefühl der Sicherheit und Geborgenheit aus.

Beim rangniederen Pferd löst die Dominanz des ranghöheren Pferdes das Gefühl der Sicherheit und Geborgenheit aus. Es überläßt ihm das Sicherheitsdenken und steht ruhig in dessen Nähe – deutlich zu sehen am Verhalten von Wildpferden. Auch bei Gefahr bleiben diese Tiere so lange stehen, um den Schutz der Herde nicht zu verlieren, bis das Leittier die Flucht ergreift.

So ist das dominante Pferd auch dem Menschen gegenüber nicht bereit, ihm beim Führen willig zu folgen. Es versucht ständig, den ihm zustehenden »sicheren« Platz vor ihm einzunehmen. Ein weiteres typisches Merkmal ist das Weigern dieser Pferde, ruhig neben dem Menschen stehen zu bleiben.

Ein Pferd herrscht – oder es dient.
Es gibt nichts dazwischen.

Ein ranghöheres Pferd in einer Herde wird mit bösen Drohgebärden ein untergeordnetes Tier von der Tränke vertreiben, um vor diesem seinen Durst zu stillen. Von einer Sekunde zur anderen wird es jedoch von der herrschenden Rolle in die dienende springen, wenn ein ranghöheres Tier ebenfalls die Tränke beansprucht.

Genau so verhalten sich die Pferde dem Menschen gegenüber. Haben sie gelernt, sich gegen Menschen zu behaupten, dann erwarten sie den Gehorsam des rangniederen Lebewesens, geraten in Wut und werden aggressiv, wenn ihr Dominanzverhalten nicht respektiert wird.

So sind Pferde also nicht für alle Zeiten verdorben. Ganz im Gegenteil, sie springen innerhalb kürzester Zeit – wie das Beispiel »Tränke« zeigt – von der Dominanz in die Unterordnung.

Aus »Verbrechern« können in kürzester Zeit »Lämmer« werden.

Es ist also keine Zauberei, wenn aus »Verbrechern«, die zu mir zur Korrektur kommen, in kürzester Zeit »Lämmer« werden, wenn sich der zornige Blick des Leittieres plötzlich in ein zufriedenes und ruhiges Auge verwandelt, das aus dem Gefühl der Geborgenheit geboren wird.

Als Resultat langjähriger Beobachtungen des Verhaltens von Pferden und Wildpferden habe ich Übungen entwickelt, mit denen ich in kaum mehr als 30 Minuten bei jedem Pferd, ohne Einsatz schmerzbringender Mittel, die Dominanz am Boden und im Sattel erreiche. Selbst Steiger, Beißer und Durchgänger folgen mir in kürzester Zeit mit durchhängendem Zügel, reagieren im Sattel auf die leichtesten Hilfen und sind auch sonst beim Umgang nicht mehr wiederzuerkennen.

Wir haben die Natur nicht erschaffen. Wir können sie nur beobachten, interpretieren und Schlüsse daraus ziehen.

Ernährungstrieb

Wenn der Angsttrieb und der Herdentrieb alle Verhaltensweisen beinhalten, die zum Schutz vor dem Raubwild unabdingbar sind, so ist es die Aufgabe des Ernährungstriebes und des daraus entstehenden Bewegungstriebes, die Nahrungsaufnahme eines Pferdes sicherzustellen. Mangelerscheinungen des Körpers wie ein leerer Magen und mangelnder Blutzucker erzeugen das Gefühl des Hungers, das nun die Futtersuche auslöst.

Das natürliche Futter der Pferde ist relativ energiearm und rohfaserreich. Um ihren Nahrungsbedarf zu decken, müssen freilebende Pferde deshalb sehr viel Zeit für die tägliche Nahrungsaufnahme aufbringen (12 bis18 Stunden pro Tag).

So ist auch der Magen mit einem Inhalt von nur 13 Litern Fassungsvermögen im Verhältnis zum Darmkanal sehr klein. Dieser faßt 200 Liter und besitzt eine unglaubliche Länge von etwa 30 Metern.

Aus diesem Grund ist die Nahrungsaufnahme die Hauptbetätigung der Pferde, und ihre gesamte Lebensweise ist darauf abgestimmt. Fressen ist also ihre Lieblingsbeschäftigung. Auf Grund dieser Tatsache sind gerade Pferde dafür prädestiniert, mit Belohnung ausgebildet zu werden. Die Lernwilligkeit und auch die Lernfähigkeit eines Pferdes bei Belohnung ist unglaublich. Leider wird in den wenigsten Fällen davon Gebrauch gemacht.

Der Darm eines Pferdes faßt 200 Liter und besitzt die unglaubliche Länge von etwa 30 Metern.

Um ihren Nahrungsbedarf zu decken, fressen Pferde täglich 12 bis 18 Stunden.

Bewegungstrieb

Um die fast ganztägige Futteraufnahme zu ermöglichen, hat sich der Organismus mit einem ausgeprägten Bewegungstrieb an diese Notwendigkeit angepaßt. In Millionen von Jahren der Entwicklungsgeschichte der Pferde ist die enorme Körperleistung, der bis zu 18stündigen täglichen Futtersuche, zu einem Bewegungsbedürfnis, einem Trieb geworden.

Daher ist unschwer zu verstehen, daß Pferdehaltung ohne täglichen Auslauf den ererbten Bewegungsbedarf eines Pferdes in keiner Weise deckt. Der Bewegungstrieb kann nicht abreagiert werden.

Pferdehaltung ohne täglichen freien Auslauf ist Tierquälerei.

Der bekannte Tierforscher Prof. Grzimek erklärte mir gegenüber deutlich: »*Pferdehaltung ohne täglichen freien Auslauf ist Tierquälerei.*«

Wird das Bewegungsbedürfnis des Fluchtwanderwildes Pferd bei ausschließlicher Boxen- oder gar Ständerhaltung nicht gestillt, entsteht ein ständig anhaltendes negatives Grundgefühl bei diesen bedauernswerten Geschöpfen. Diese Disharmonie von Seele (Psyche) und Körper sucht nun nach Ausgleich in monotonen Ersatzbewegungen wie Koppen und Weben oder in verändertem Freßverhalten.

Weitere Folgen sind Unwohlsein und Unruhe, die sich bis zur Aggressivität steigern kann. So sind Juckreiz, Koliken, Hautabschürfungen, Darmerkrankungen und bei Dauereinwirkung krankhafte Organveränderungen an der Tagesordnung.

Nur wenn Tiere so ähnlich wie möglich wie ihre in Freiheit lebenden Artgenossen gehalten werden, können Fehlverhalten und die dadurch entstehenden Schäden an Körper und Seele eines Pferdes verhindert werden.

Die optimale Pferdehaltung ist die Offenstallhaltung.

So kann die optimale Pferdehaltung nur die Offenstallhaltung sein. Auch bei Boxenhaltung (möglichst mit Paddock) ist täglicher freier Auslauf unabdingbar. Ständerhaltung ist Tierquälerei und eine Schande für jeden Pferdebesitzer.

Fortpflanzungstrieb

Alle bisher betrachteten Triebe gehören zur Gruppe des Selbsterhaltungstriebes. Sie beinhalten das Verhalten eines Pferdes, mit dem es den eisernen Gesetzen der Natur trotzen kann. Nur der Stärkste kann überleben. Der Selbsterhaltungstrieb ist ausschließlich auf das Ego ausgerichtet. Die Natur hat alles getan, dem Einzeltier gute Überlebenschancen zu bieten.

Die Erhaltung der Art ist damit noch nicht gesichert. So entwickelte sich neben dem Selbsterhaltungstrieb gleichberechtigt der Fortpflanzungstrieb, der für den Weiterbestand der Art verantwortlich ist. Der übergeordnete Fortpflanzungstrieb untergliedert sich wiederum in den Sexualtrieb und in den Muttertrieb.

Sexualtrieb

Der Sexualtrieb ist ein sehr stark ausgeprägter Trieb und eine der Triebfedern für das Dominanzverhalten in einer Herde.

Sexualität, in der Biologie Geschlechtlichkeit genannt, besteht darin, daß zwei Organismen, dank ihrer ergänzenden entgegengesetzten Polung, gegenseitiges Erbgut vereinen. So kann eine Kombination beider Veranlagungen an die Nachkommen weitergegeben werden.

Durch Hormonproduktion und äußere Einflüsse wie Futter, Tageslänge und Temperatur erlangt die Stute die Rossigkeit. Durch den Geruch ihrer Ausscheidungen wird nun der Paarungswille des Hengstes ausgelöst. Dieser zeigt sich in starker Erregung und in einem stolzen Imponiergehabe. Ein Hengst wirbt so lange um eine Stute, bis sie kopulationsbereit ist.

Der Sexualtrieb ist ein sehr stark ausgeprägter Trieb und eine der Triebfedern für das Dominanzverhalten in einer Herde.

Muttertrieb

Wie schon gesagt, ist der Selbsterhaltungstrieb ausschließlich auf das Ego ausgerichtet. Der Schutz eines Schwächeren hat darin keinen Platz. Die alten, kranken und schwachen Pferde in der Herde werden von den sicheren Plätzen in der Mitte nach außen abgedrängt, als Futter für das Raubwild.

Neben dem Selbsterhaltungstrieb mußte sich der Muttertrieb entwickeln, um dem Neugeborenen Schutz in der gnadenlosen Natur zu bieten.

Damit die Art jedoch weiterbestehen kann, mußte neben dem Selbsterhaltungstrieb ein Trieb entstehen, der den hilflosen Nachkommen in der gnadenlosen Natur eine Überlebenschance gibt – der Muttertrieb. Mit diesem atypischen Verhalten werden die wehrlosen Neugeborenen und Fohlen gegen Feinde geschützt. Der Mutterinstinkt ist sogar so stark ausgeprägt, daß eine Stute jederzeit bereit ist, ihr Leben für das Neugeborene zu opfern.

Wie stark dieses Mutterverhalten eines Tieres tatsächlich ist, mußte ich als Kind miterleben und diese Erinnerung wird mich nie wieder loslassen: Es passierte in den Ferien, die ich als Kind bei einer schwerhörigen Tante verbringen durfte. Die Abende in den Herbstferien waren schon recht kühl geworden. Der alte, große Kachelofen in der Ecke spendete gemütliche Wärme, während ich mit der Katze und ihren zwei Jungen spielte. Wir gingen zu Bett und das Feuer ging aus. Was wir nicht wissen konnten war, daß »Mimi« nachts mit ihrem Nachwuchs in die nicht verschlossene Öffnung des Kachelofens sprang, in der normalerweise immer Wasser in einem Topf warm gemacht wurde. Es war ein gemütliches Plätzchen für die Katzenfamilie, da der erloschene Ofen bis in die Morgenstunden noch wohlige Wärme spendete.

Frühmorgens machte Tante Klara beim Vorbeigehen die Türe dieser Öffnung zu, ohne die Katzen zu bemerken und zündete den Ofen an, um beim Frühstück eine gemütliche Stube zu haben. Das erbärmliche Schreien konnte sie, schwerhörig wie sie war, leider nicht hören. Erst als sie den Geruch angebrannten Fleisches wahrnahm, riß sie die Ofentüre auf und stand vor einer schrecklichen Tiertragödie. Die Katzenmutter lag tot auf der heißen Ofenplatte, und die Jungen saßen wohlbehalten auf dem Körper ihrer Mutter. Sie hatte sich bewegungslos für ihre Jungen geopfert und sicher schrecklichste Qualen erlitten, bis der Tod sie endlich erlöste. So stark kann der Muttertrieb eines Tieres sein.

Der Muttertrieb ist so stark ausgeprägt, daß eine Stute jederzeit bereit ist, ihr Leben zu opfern.

*D*er Muttertrieb beinhaltet aber nicht nur den Schutz des Neugeborenen. Auch die Versorgung dieses noch hilflosen Wesens ist über den Instinkt weitervererbt. Es ist rührend zu sehen, mit welcher Liebe auch eine Erstlingsstute ihr Fohlen betreut. Vom Ablecken bis zum Heranstupsen an das Euter versorgt sie ihr Kind, als hätte sie nie etwas anderes getan.

Es gibt in der Natur keine engere Bindung zwischen zwei Tieren als die Verbundenheit zwischen Mutter und Kind.

Die primären Gefühle (bei Tier und Mensch) und die sekundären Gefühle (beim Menschen) lösen nicht nur beim Ablauf einer Handlung die Reaktionen des Körpers aus, sie prägen auch das Grundgefühl des Lebewesens. Dieses ist allein für das Wohl- oder Unwohlempfinden eines Körpers verantwortlich.

Natürlich fordert auch hier das Naturgesetz des Ausgleichs eine Ausgewogenheit des Grundgefühls. Das Pendel schlägt aus von der Lust, dem maximalen positiven Grundgefühl, bis hin zur Angst, dem maximalen negativen Grundgefühl. Ein ständig negatives Grundgefühl führt zur Erkrankung eines Lebewesens. Daher fordern die das negative Grundgefühl auslösenden, spezifischen Gefühle ausgleichende Reaktionen des Körpers, bis ein gesundes Wohlbefinden entstanden ist.

So sprechen wir bei einem positiven Grundgefühl von der gesamten Spannbreite dieser Empfindung, ab der Aufhebung des negativen Grundgefühls bis hin zur Lust. Da auch dieses positive Extremgefühl seinen Preis fordert, ist die tiefe Zufriedenheit das wahre, erstrebenswerte und gesunde Grundgefühl.

Das Grundgefühl allein ist für das Wohl- oder Unwohlempfinden eines Lebewesens verantwortlich.

Um zu verstehen, wie wichtig es auch für das Leben eines Pferdes ist, das Grundgefühl im Gleichgewicht zu halten, befassen wir uns zunächst einmal mit dem Grundgefühl von uns Menschen.

Das Grundgefühl des Menschen

Positives Denken ist in unserer Zeit ein geflügeltes Wort geworden. Dies ist in unserer vom Streß geprägten Epoche wichtig. Alle technischen Fortschritte und modernen Errungenschaften helfen nicht, den Menschen glücklicher und zufriedener zu machen.

Dabei heißt »positives Denken« nichts anderes, als die positive Beeinflussung des Grundgefühls, das für das gesamte Wohl- oder Unwohlempfinden eines Lebewesens verantwortlich ist. Nur wenn wir ein gutes Grundgefühl haben, ist die Welt für uns in Ordnung. Dieser Zustand hat nichts mit Geld, Besitz, Arbeit oder Urlaub zu tun. Ein Bettler wird beim Geschenk einer warmen Jacke das gleiche positive Grundgefühl empfinden wie ein Multimillionär beim Erwerb einer teuren Luxusjacht. Im Grund genommen ist dieser ein armer Mann, das viele Geld stiehlt ihm seine Träume, denn er kann sie alle verwirklichen.

Nicht die negative Lebenseinstellung macht einen Menschen krank, sondern das davon ausgelöste negative Grundgefühl. Dabei ist der theoretische Begriff »positives Denken« ein abstrakter Begriff und viel schwerer nachvollziehbar, als das im Menschen zu jeder Zeit vorhandene Grundgefühl. Es ist der leichtere Weg, dieses Gefühl zu analysieren und zu ändern. So ist die Erkenntnis der möglichen Korrektur des Grundgefühls, durch die Analyse der Zusammensetzung und Wertigkeit der auslösenden Gefühle, ein wichtiger Schritt zum positiven Leben.

Das Grundgefühl ist das Ergebnis des gegenseitigen Auslotens der einzelnen spezifischen Gefühle.

Das Grundgefühl ist also das Ergebnis des gegenseitigen Auslotens der einzelnen spezifischen Gefühle. Überwiegen die positiven Gefühle, haben wir ein gutes Grundgefühl, überwiegen die negativen, löst dies ein Unwohlempfinden aus. Dies ist an einem simplen Beispiel leicht zu erkennen: Ein schmerzendes Bein wird zunächst einmal ein negatives Grundgefühl auslösen. Eine dazukommende freudige Überraschung wird jedoch bald das Schmerzgefühl verdrängen und ein positives Grundgefühl erzeugen.

Eine positive Grundeinstellung bedeutet die Harmonie von Körper, Seele und Geist.

So verursacht ein positives Grundgefühl in der Harmonie von Körper, Seele und Geist ein Wohlempfinden, im Volksmund treffend »Seligkeit« genannt. Es bringt dem Geist Ruhe und Gelassenheit, dem Körper die nötige Entspannung und die entsprechende natürliche Regelung der Organfunktionen.

Ein negatives Grundgefühl führt zur Disharmonie von Körper, Seele und Geist und erzeugt ein Unwohlsein. Dieses führt zu Unruhe, Nervosität, Depression oder Aggression.

Die organischen Auswirkungen können sein: Schweißausbruch, Zittern, Puls- und Herzschlagveränderungen, Adrenalinausstoß und endogene Morphinderivat-Bildung. Auf Dauer hat dies eine Entgleisung der Organfunktionen und dadurch Krankheiten zur Folge.

Das Grundgefühl des Pferdes

Das Grundgefühl als solches ist bei Mensch und Tier das gleiche. Es ist auch beim Pferd allein für das Wohl- oder Unwohlempfinden verantwortlich. Der entscheidende Unterschied ist jedoch, daß nur der Mensch eine Analyse dieses Grundgefühles vornehmen kann und dank seines logischen Denkvermögens in der Lage ist, dieses zu beeinflussen.

Bei einem ständigen negativen Grundgefühl reagiert ein Lebewesen mit Erkrankungen.

Tiere haben keine Möglichkeit, bewußt die Ursache dieses Unwohlempfindens zu beheben. Da das gesamte Universum und damit auch jedes pflanzliche, tierische und menschliche Leben dem Naturgesetz des Ausgleichs unterliegt, ist der Organismus eines Lebewesens, bei einem ständigen negativen Grundgefühl, nicht lebensfähig. Er wird mit Erkrankungen reagieren, die bis zum Tod führen können.

Auswirkung des negativen Grundgefühls bei Pferden

Wenn Tiere aufgrund widriger Umstände in ein negatives Grundgefühl gebracht werden, sind sie, im Gegensatz zum Menschen, diesem Zustand ausgeliefert. Das Verhalten der Pferde zeigt ein Unwohlempfinden, das sich bis zur Angst steigern kann und eine Unlust in Körper und Geist erzeugt. Um überleben zu können, versucht jetzt der Selbsterhaltungstrieb eines Pferdes unbefriedigte Bedürfnisse und Mangelerscheinung mit Ersatzreaktionen auszugleichen.

Wir wollen einmal unbefriedigte Bedürfnisse und Mangelerscheinungen bei der Haltung und im Umgang mit Pferden näher betrachten.

Ständer- oder Boxenhaltung ohne täglichen Auslauf

Welche **Triebe und Bedürfnisse** können nicht ausgelebt werden?
Herdentrieb
Bewegungstrieb
Sozialverhalten
Fellpflege

Welche **positiven Gefühle** mangeln dadurch den Pferden?
Geborgenheit der Herde
Bewegungsfreude
Soziale Kontaktgefühle
Lebensfreude
positives Grundgefühl

Welche **negativen Gefühle** können dadurch ausgelöst werden?
Unsicherheit
Bewegungsdrang
Aggression
Einsamkeit
Gefühl sozialer Isolation
Negatives Grundgefühl

Welche **negativen** Folgen können entstehen?
Lokomotion (Bewegung):
Scharren, Schlagen gegen die Stallwand, Weben, Kreisgehen
Ernährung:
Koppen, Zähneknirschen, Barrenwetzen, Holzfressen, Lecken, Kotfressen, Zungenstrecken
Fellpflege:
Schweif- und Mähnescheuern, Kopfschütteln, übertriebenes Sich-Selbst-Beknappern
Aggression:
Ausschlagen, Kopfschlagen, Gitterbeißen, Flankenbeißen, Hyperaggression
Feindverhalten:
Sich-Nicht-Legen, Scheuen, Bösartigkeit

Reiten und Umgang mit schmerzenden Hilfsmitteln und Ausbindezügeln

Welche **positiven Gefühle** mangeln dadurch den Pferden:
Sicherheitsgefühl
Geborgenheitsgefühl
Bewegungsfreiheit
Lebensfreude
Positives Grundgefühl

Welche **negative Gefühle** können dadurch ausgelöst werden:

Schmerz
Unlust
Zwangs- oder Engegefühl
Wut (Dominanzverhalten)
Angst, Panik
Negatives Grundgefühl

Welche **negativen Folgen** können entstehen:

Lokomotion:
Unwille, Ungehorsam, Verspannung, Schreckhaftigkeit
Aggression:
Dominanzverhalten wie Beißen, Steigen, Buckeln, Rückwärtsgehen, Ausschlagen
Feindverhalten:
Unkontrolliertes (panikartiges) Steigen, Buckeln, Ausschlagen, Durchgehen, Sich-zu-Boden-Werfen

Organische Auswirkungen des negativen Grundgefühls

Eine negatives Grundgefühl schwächt die natürlichen Selbstheilungskräfte.

Ein anhaltender und dauerhafter Zustand des negativen Grundgefühls hat schlimme Auswirkungen auf das Wohlbefinden und den Gesundheitszustand eines Pferdes. Das damit verbundene Angstgefühl laugt den Körper durch eine ständige Adrenalinausschüttung aus. Schweißausbrüche, Zittern und eine beschleunigte oder verlangsamte Peristaltik (Kotabsatz) sind Anzeichen für eine dauernde Streßsituation. Dadurch vermindern sich die natürlichen Selbstheilungskräfte und Widerstandskräfte stark. Das Pferd wird krankheitsanfälliger. Schäden an Organen und deren Funktionen sind die Folge.

Auswirkungen des positiven Grundgefühls bei Pferden

Pferde sind als Fluchttiere friedliche Tiere, die keinen primären Aggressionstrieb besitzen.

Bei einer artgerechten Haltung und beim richtigen schmerzfreien Umgang mit dem ängstlichen Fluchttier Pferd wird sich dieses wohlfühlen. Es zeigt ein Freundverhalten, das sich in Millionen Jahren im Umgang mit seinen Artgenossen entwickelt hat. Wenn dem Pferd die Möglichkeit gegeben wird, seine Triebe und Bedürfnisse auszuleben, befindet es sich im Gleichklang von Geist und Körper und wird sich im positiven Grundgefühl bewegen. Dabei kann sich das Wohlbefinden eines Pferdes bis zur Freude steigern, was im Verhalten eine Leistungsbereitschaft bis zur Lust erzeugt.

Pferde sind als Fluchttiere friedliche Tiere, die keinen primären Aggressionstrieb besitzen. Sie sind bereit, dem Menschen freiwillig zu dienen, wenn dieser ihnen nur die, in einer Gemeinschaft erforderliche Führungspersönlichkeit und damit das Gefühl der Geborgenheit bietet. Also löst ein positives Grundgefühl bei Pferden auch ein positives Verhalten aus, das wir ebenfalls einmal genauer untersuchen wollen.

Offenstall - oder Boxenhaltung mit täglichem freien Auslauf

Lokomotion:
Ruhiges Verhalten (befriedigter Bewegungstrieb), koordinierter Bewegungsablauf, Ausgeglichenheit
Ernährung:
Natürliche Futteraufnahme (bis 16 Stunden bei Weidegang), Futteraufnahme und Körperbewegung im Einklang
Sozialverhalten:
Kontaktpflege, gegenseitige Fellpflege, Herdenverhalten (Geborgenheit), Rangordnungsverhalten
Freundverhalten:
Sicherheit und Geborgenheit, Sich-Hinlegen

Natürlicher Umgang und Reiten ohne Schmerzeinwirkung

Lokomotion:
Gelöstheit ohne Verspannung, weniger Schreckhaftigkeit
Dominanz:
Bei Dominanz des Menschen –
Unterordnung, Leistungsbereitschaft, Sicherheitsübertragung auf den Menschen, Nachlaufen, gehorsames Beinaufheben, ruhiges Stehen
Freundverhalten:
Vertrautsein, kein Wehrverhalten
(Steigen, Buckeln, Durchgehen, Beißen)

Organische Auswirkungen des positiven Grundgefühls

Natürlich wirkt sich das positive Grundgefühl nicht nur auf das Verhalten der Pferde aus, sondern beeinflußt auch entscheidend die Organfunktionen des Körpers. Diese werden sich auf die jeweilige Belastung einstellen und den momentanen Anforderungen in natürlicher Weise gerecht werden. Positives Grundgefühl aktiviert die Abwehrkräfte des Körpers und sichert auch den vollen Erhalt der Selbstheilungskräfte jedes Lebewesens.

Das positive Grundgefühl beeinflußt entscheidend die Organfunktionen eines Körpers.

So ist das Wissen des Reiters um die Auswirkungen des positiven und negativen Grundgefühls bei seinem Sportkameraden Pferd von äußerster Wichtigkeit. Nur wenn das Pferd sich im positiven Grundgefühl bewegt, wird es Ruhe, Ausgeglichenheit, Freundlichkeit und Zutraulichkeit zeigen und seinem Reiter mit Freude und Leistungsbereitschaft in voller Harmonie dienen.

Das Wissen um Gefühle

Das Bewußtsein und die Kenntnis des ausgeprägten Gefühlslebens und des Grundgefühls bei Mensch und Tier ist die Voraussetzung, um beim Reiten mit dem Pferd zu einer Einheit zu verschmelzen. Nur wenn sich Pferd und Reiter im positiven Grundgefühl bewegen, können in voller Harmonie die Bewegungen des Reiters zu denen des Pferdes und das Tier zu den Beinen des Menschen werden.

Immer wird im Zusammenspiel zwischen Tier und Mensch verkannt, daß nur das Gefühl die Ebene ist, auf der wir mit den Tieren kommunizieren können.

Harmonischer Dreiklang – Mutter, Kind und Pferd.

KOMMUNIKATION AUF DER EBENE DER GEFÜHLE

Warum muß ich mit dem Pferd kommunizieren?

Beim Umgang und beim Reiten von Pferden ist leider die Informationsübermittlung meist auf die mechanische Einwirkung auf das Pferd begrenzt. So muß man sich nicht über die häufig vorhandenen Probleme zwischen Menschen und Pferden wundern. Nicht der Mensch hat ein Problem mit dem Pferd, sondern in aller Regel hat das Pferd ein Problem mit dem Menschen. Wir erwarten immer, daß Pferde sich auf den Menschen einstellen. Dies ist nicht möglich, denn sie haben kein logisches Denkvermögen. Nur der Mensch ist in der Lage, das von der Natur klar abgegrenzte Verhaltensmuster eines Tieres zu erkennen, Schlüsse daraus zu ziehen und sich dementsprechend zu verhalten. Aus diesem Grund ist die Kenntnis, warum und wie ich mich mit einem Pferd verständigen kann, von vorrangiger Bedeutung.

Das Gefühlsleben ist im Menschen, dank unserer tierischen Vorfahren, tief verwurzelt. Deshalb ist es nur logisch, daß wir uns nur auf *der* Entwicklungsstufe dem Pferd mitteilen können, auf der dieses Lebewesen steht – auf der Ebene des Gefühls.

Es muß endlich klar erkannt werden, daß das *Gefühl* die Ebene ist, auf der wir uns mit den Pferden verständigen können. Um dies zu verdeutlichen, möchte ich wieder unsere bellenden Hausfreunde, die Hunde nennen. Über deren Gefühlsleben ist sehr viel mehr bekannt. Diese »mutigen« Tiere können ihre Gefühle viel besser ausleben und sie uns dadurch übermitteln als das von der Angst geprägte Fluchttier Pferd. Dieses muß auf jede Bewegung, wie das Auffliegen eines Vogels, das Fallen eines Blattes oder das Davonhuschen einer Maus reagieren, könnte dies doch das Anzeichen für die Nähe des gefürchteten Raubtieres sein. Wir wissen, daß die Angst eines Menschen von Hunden klar erkannt wird, und daß das Kommando »Platz« erst dann befolgt wird, wenn wir mit unserem Willen dahinterstehen.

Das Gefühl ist die Ebene, auf der wir mit den Pferden kommunizieren können.

Auch bei kleinen Kindern, die vorwiegend »instinktiv« reagieren, können wir die gleiche Feststellung treffen. Wenn auf die Bitte um ein Eis ein »Nein« der Mutter erfolgt, fühlen die Kleinen sehr wohl, ob dies tatsächlich »nein«, »vielleicht« oder gar »ja« bedeutet.

Wie sagte einst Freiherr von Langen, der einzige Reiter, der jemals mit *einem* Pferd die S-Dressur und das S-Springen bei einer Weltmeisterschaft gewann, über das Reiten:

»Ein Gebilde aus lebendem Stahl scheint dich zu tragen.
Läßt du dich aber zur Erde ziehen, im Geiste und im Wollen,
kriecht ein müder Wurm unter dir im Staube.
Dein Pferd weiß um dich.«

Nicht das physisch stärkste Pferd ist in der Herde das Ranghöchste, sondern das psychisch stärkste Tier mit den stärksten Drohgebärden.

So überträgt sich der Mut eines Reiters, seine Sicherheit, Freude, Leistungswille, aber auch Angst, Verzagtheit, Trauer und Willenlosigkeit auf das Tier. Vor allen Dingen ist beim Erlangen der Dominanz über das Pferd entscheidend, ob die Wut des Pferdes beim »Ungehorsam« über den »rangniederen Menschen« mit Angst oder mit noch größerem Zorn beantwortet wird. Nicht das physisch stärkste Pferd ist in der Herde das Ranghöchste, sondern das psychisch stärkste Tier mit den stärksten Drohgebärden. Man kann dieses Gehabe übrigens auch unschwer auf menschliche Beispiele übertragen.

Ein Pferd herrscht – oder es dient.

Die wichtigste Erkenntnis für den Reiter beim Umgang mit dem Pferd, dessen Verhalten den klaren Gesetzen der Rangordnung in einer Herde unterliegt, ist:

Ein Pferd herrscht über den Rangniederen – oder dient dem Dominanten. Es gibt nichts dazwischen.

Wer nicht in der Lage ist, die erforderliche Führungsrolle zu geben, hat auf dem Rücken eines Pferdes nichts verloren.

Aus diesem Grund möchte ich klar und deutlich eine Feststellung und Aufforderung aussprechen: Wer trotz Kenntnis der Erfordernis der menschlichen Dominanz und der Kenntnis des Erlangens der Dominanz über das Herdentier Pferd nicht in der Lage ist, dem Pferd die erforderliche Führungsrolle zu geben, hat auf dem Rücken eines Pferdes nichts verloren. Der Unfall ist vorprogrammiert. Niemand hat das Recht, das Leben anderer Menschen oder das eines Tieres zu gefährden.

Reiter, die durch ständige Inkonsequenz und Angst den Pferden ihre Schwäche und ihr Unvermögen zeigen, sind bei kleineren Haustieren wie Wellensittichen und weißen Mäusen besser aufgehoben. Diese Feststellung kann nicht deutlich genug gemacht werden. Man kann die Liebe eines Pferdes mit Zucker nicht kaufen. Ganz im Gegenteil, das Pferd wird nach dem Versiegen der »süßen Quelle«, wenn seine Forderung nach mehr vom rangniederen Menschen nicht erfüllt wird, mit wütendem Zwicken oder gar bösen Bissen reagieren.

Liebe, Anhänglichkeit, Unterordnung und Ergebenheit kann man von einem Pferd nur dann erhalten, wenn man ihm eine klare Dominanz bietet. Dominanz heißt nicht, das Pferd mit Schmerz oder

Brutalität zu brechen, sondern ihm durch Klarlinigkeit und gerechte Konsequenz eine Führungspersönlichkeit zu sein, die ihm das Gefühl des Vertrauens, der Geborgenheit und Sicherheit übermittelt.

Dies kann nur auf der Ebene der Gefühlsübermittlung und der Gefühlsübertragung geschehen.

Mitgefühl und Mitleid

So ist ein Begriff in der Beziehung zwischen Pferd und Mensch von größter Wichtigkeit, das Mitgefühl. Da dieser Begriff oft mit Mitleid verwechselt wird, soll der Unterschied kurz dargestellt werden:

Mitleid ist ein sekundäres Gefühl, zu dem nur der Mensch fähig ist. Mitleid bedeutet nicht den Gleichklang der Gefühle, sondern kann selbst ein gegensätzliches Gefühl zur Grundlage haben. So kann zum Beispiel der Anblick eines behinderten Kindes in mir Mitleid erwecken, das Kind selbst aber im Moment Freude über ein Geschenk empfinden.

Mitgefühl ist der Gleichklang von Lebewesen.

Mitgefühl ist jedoch der Gleichklang der Gefühle von Lebewesen. Gefühlsregungen können übertragen werden und auf andere stimulierend wirken. Wir kennen alle das Umwerben eines Hundes, wenn man traurig ist. Um so mehr sind die sensiblen Pferde in der Lage, Gefühlswellen aufzunehmen, die vom Gehirn ausgesandt werden.

Das Fühlen und der Denkvorgang lösen im Gehirn meßbare elektrische Ströme aus. So tritt auch der klinische Tod erst mit dem Ende der meßbaren Hirnströme ein.

Gerade durch ihre Sensibilität sind Pferde in der Lage, diese elektrischen Ströme zu empfangen, da sie nicht durch rationelles Denken abgelenkt werden. Es sind nicht nur Gefühle wie Angst, Zorn oder Zuneigung übertragbar, gerade das positive oder negative Grundgefühl des Menschen beeinflußt das Befinden eines Pferdes besonders stark.

Dies wird mir täglich bei meiner Arbeit mit Korrektur-Pferden bewußt. Diese Pferde, die gelernt haben, sich gegen den Menschen durchzusetzen, begegnen mir bei meinen Dominanzübungen anfangs mit unverhohlener Wut, was unschwer an den zornigen Blicken dieser Tiere abzulesen ist. Mit den von mir entwickelten Übungen bin ich in der Lage, jedes Pferd in dreißig Minuten ohne Schmerzeinwirkung zu dominieren.

Das Gefühl des Zorns muß beim psychischen Kampf zweier Lebewesen, der auf animalischer Ebene ausgetragen wird, von mir erwidert werden. Je mehr sich jedoch durch den Erfolg der Übungen das Gefühl Wut beim Pferd zur Geborgenheit wendet, wandelt sich auch mein Gefühl in echte Zuneigung. Der Blick des dominanten Pferdes ist nach dreißig Minuten nicht mehr wiederzuerkennen. Er ist plötzlich einem zufriedenen, fast zärtlichen Ausdruck gewichen, in dem sich meine Zuneigung und sein neues Gefühl der Geborgenheit widerspiegeln.

Welche Gefühle kann ich übermitteln?

Wie oft setzt sich ein Reiter, streßgeplagt vom Büro kommend, in den Sattel und wundert sich, ein nervöses Tier unter sich zu haben? Wie soll ein Pferd Leistungsbereitschaft zeigen, wenn sich sein Reiter am Abend abgespannt und ausgelaugt in den Sattel zieht? Fängt ein Pferd nicht in dem Moment unter dem Reiter zu tänzeln an, in dem dieser nur daran denkt, sein Pferd könnte vor dem hinter ihm kommenden Lkw scheuen? Tiere haben kein logisches Denkvermögen. Jede Reaktion wird vom Gefühl gesteuert. Nachdem wir wissen, daß wir unsere Gefühle übertragen, fällt es uns leichter, das Verhalten der Pferde zu verstehen. Doch welche Gefühle können übertragen werden?

Tiere haben kein logisches Denkvermögen. Jede Reaktion wird vom Gefühl gesteuert.

Wir unterscheiden zwei Gruppen von Gefühlen:

1. Allgemeine Gefühle, die nicht direkt mit dem Pferd zu tun haben

Positives Grundgefühl	Negatives Grundgefühl
Sicherheit	Angst
Zufriedenheit	Wut
Freude	Trauer
Energie	Müdigkeit

Diese Gefühle spiegeln den Allgemeinzustand des Reiters wider. Sie haben mit dem Pferd direkt nichts zu tun, können aber dennoch auf das Tier übertragen werden.

2. Gefühle, die auf das Pferd bezogen sind

Sympathie	Antipathie
Liebe	Haß
Überlegenheit	Unterlegenheit
Glück	Eifersucht

Diese Gefühle sind auf das jeweilige Pferd bezogen und können bei jedem Pferd differieren. Doch betrachten wir einmal die einzelnen Gefühle und deren Auswirkungen:

Allgemeine Gefühle des Reiters

Sicherheit

Sicherheit ist eines der wichtigsten Gefühle, die auf das Pferd übertragen werden müssen.

Sicherheit ist eines der wichtigsten Gefühle, die auf das Pferd übertragen werden können und müssen. »*Wissen ist Macht*«, heißt ein altes Sprichwort. Abgewandelt auf den Umgang mit Pferden muß es heißen: »Wissen macht sicher«. So muß der Reiter immer das Bild einer ruhig grasenden Pferdeherde auf der Weide vor Augen haben, damit er den

Mut hat, das Pferd beim Reiten nicht ständig festzuhalten. Das Verhalten auf der Weide, ohne Einfluß des Reiters, ist das natürliche Verhalten. Ich habe viele Jahre Wildpferde beobachtet. Immer zogen sie ruhig und friedlich grasend im Schritt 16 Stunden am Tag ihres Weges. Nur bei Gefahr zeigten sie den jagenden Galopp, der bei »Entwarnung« sofort beendet wurde.

Man muß endlich begreifen, daß Pferde versuchen, dem Zwang eines angezogenen Zügels oder gar einem Schmerzgefühls davonzulaufen, ist doch die Flucht die primäre Waffe eines Fluchttieres. Nur dieses Wissen gibt dem Reiter Souveränität und Sicherheit. Sie übertragen sich auf das Pferd und werden auch diesem das Gefühl der Geborgenheit und Sicherheit geben.

Angst

Der Angsttrieb ist der vorrangige Trieb eines Fluchttieres und prägt das gesamte Verhalten der Pferde. So ist auch das Gefühl Angst das wichtigste Gefühl beim Umgang mit unseren Freunden. Wer als Reiter Angst vor Pferden hat, muß sich dringend eine neue Freizeitbeschäftigung suchen. Nicht nur Hunde spüren die Furcht eines Menschen, sondern auch Pferde reagieren sofort darauf.
Die Angst des Reiters löst beim Pferd zwei Verhaltensweisen aus:
a) Unsicherheit
b) Dominantes Verhalten

Unsicherheit

Man muß den Mut haben, das Pferd nicht ständig festzuhalten.

Wie oft bringt doch die Angst eines Reiters ein sonst ruhiges Pferd im Straßenverkehr zum Durchgehen. Die Szene spielt sich immer folgendermaßen ab: Der Reiter vernimmt weit hinter sich ein Motorengeräusch. Aus Angst vor dem Durchgehen seines Pferdes werden »sicherheitshalber« die Zügel aufgenommen. Das Pferd bringt das Motorengeräusch mit Zwang am Kopf in Verbindung und reagiert mit Unruhe. Der Reiter legt nun diese Unruhe als Vorstufe zum Durchgehen aus und verstärkt den Zügeldruck. Zwangsläufig wird das Pferd dadurch noch nervöser. Und so schaukeln sich Pferd und Reiter gegenseitig hoch, bis das völlig verängstigte Tier, dem die Angst des Reiters zusätzlich spürbar im Nacken sitzt, nicht mehr anders kann, als panikartig zu flüchten.

Dominantes Verhalten

Wem die Angst im Nacken sitzt, kann keine Führungspersönlichkeit darstellen. Dieses Gefühl des Reiters wird vom Pferd sofort als Schwäche ausgelegt und mit dominantem Verhalten beantwortet. Wenn ich dem Pferd nicht die nötige Persönlichkeit biete, kann ich keinen Gehorsam erwarten. Es wird im Gegenteil Unterwürfigkeit vom Schwächeren fordern und den Ungehorsam mit Aggression beantworten.

Wem die Angst im Nacken sitzt, der kann keine Führungspersönlichkeit darstellen.

Zufriedenheit

Zufriedenheit ist ein Gefühl, das sich einerseits auf Anspruchslosigkeit, andererseits aber auf Weisheit, Abgeklärtheit und Lebenserfahrung gründet. Beruht Zufriedenheit auf der Basis der Anspruchslosigkeit, liegt meist eine geringe Lebensqualität zu Grunde.

Ist jedoch Zufriedenheit aus Weisheit und Lebenserfahrung gewachsen, ist das eine der erstrebenswertesten Eigenschaften, die man als Mensch erlangen kann. Dazu gehört nicht nur viel Erfahrung, Bildung und Wissen, sondern auch Klugheit, seine Gefühle beurteilen zu können, und Stärke, diese gezielt zu beherrschen. Nur so ist man in der Lage, Tiefen in der Frequenz des Gefühlslebens als unabänderlich zu akzeptieren und Höhen bewußt zu erleben.

Das Gefühl, über den Dingen zu stehen und nicht mehr der Spielball der Gefühle zu sein, macht stark und läßt eine echte Persönlichkeit wachsen. Nur diese hat die Einsicht, daß das Durchleben von Tiefen die Voraussetzung ist, Höhen erleben zu dürfen. Diese Erkenntnis nimmt den Tiefen das Schreckliche und erfüllt den Menschen mit einer tiefen Ausgeglichenheit und Zufriedenheit. Nur ein Mensch mit einem ausgeprägten Lebensbewußtsein wird, trotz des Wechselspieles der Gefühle, eine Zufriedenheit verspüren können.

Welch ein Glück für ein Pferd, einem derart weisen und abgeklärten Menschen dienen zu dürfen! Unter der Souveränität dieser Führungspersönlichkeit wird das Pferd stets eine faire Behandlung erfahren und sich geborgen fühlen.

Unter der Souveränität einer Führungspersönlichkeit fühlt sich ein Pferd geborgen.

Wut

Wut oder Zorn sind Gefühle, denen zunächst ein negativer Beigeschmack anhaftet. Bei genauer Betrachtung stellt sich jedoch heraus,

daß das Gefühl Wut in einer Herde die Voraussetzung dafür ist, eine Rangordnung entstehen zu lassen, die wiederum die Basis zum Funktionieren einer Gemeinschaft darstellt. Das Naturgesetz, das nur die Fortpflanzung des Stärksten genehmigt, löst beim Dominanzverhalten der Pferde bei einem Ungehorsam eines Rangniederen oder bei Rangordnungskämpfen das Gefühl Wut aus, das wiederum Aggressivität als Reaktion bewirkt.
Je stärker diese Reaktion von der Wut geprägt ist, je extremer Drohgebärden gezeigt werden, desto mehr Respekt und Unterwürfigkeit wird damit erreicht. Nicht das körperlich stärkste Tier ist in einer Herde das ranghöchste, sondern das mit der größten Dynamik. So hat also das Gefühl Wut eine entscheidende Funktion für die Arterhaltung einer Rasse. Eine wichtige Erkenntnis auch für den Reiter.

Nicht der Einsatz von Schmerz, sondern der eiserne Wille des Reiters muß sich gegen die Wut des Pferdes behaupten.

Wenn ein Pferd gelernt hat, über den Menschen zu dominieren, wird man bei der Korrektur dieses Pferdes deutlich mit diesem Gefühl konfrontiert. Der Zorn des Pferdes, unschwer an seinem Blick zu erkennen, zeigt die Bereitschaft, die ranghöhere Stelle zu behaupten. Nur wenn der Mensch bereit und in der Lage ist, seinerseits die Wut des Pferdes mit aller Kraft nicht nur zu beantworten, sondern gezielter und konsequenter einzusetzen, wird sich das Pferd dem stärkeren Gefühl des Menschen beugen. Es wird sich unterordnen, ihm dienen und sich in seiner Nähe geborgen fühlen. Nicht der Einsatz von Schmerz, sondern der eiserne Wille des Reiters, sich gegen die Wut des Pferdes zu behaupten, zwingt das Pferd, die Führungsrolle des Menschen anzuerkennen.

Schmerzeinwirkung kann dagegen das gefürchtete Wehrverhalten des Pferdes auslösen. Dieses ist von Panik geprägt und macht das Pferd unkontrollierbar. Die beim Pferd Aggressivität auslösende Wut muß vom Reiter bei der Korrektur eines Pferdes gezielt und unter voller Kontrolle auf der Ebene der Gefühle erwidert werden.

Unkontrollierte Wutausbrüche, die meist mit gnadenlosem Prügeln, Herumreißen im Pferdemaul, mit sinnlosem und schmerzendem Rückwärtsrichten, peinigendem Sporeneinsatz und oft noch Schlimmerem verbunden sind, führen nicht zum Erfolg. Sie verderben jedes Pferd und lösen das Feindbild und damit das nicht mehr zu kontrollierende Wehrverhalten aus.

Unbeherrschte Wut, verbunden mit Schmerzeinwirkung, ist eine der Todsünden im Umgang mit dem Pferd.

Gezielte Wut des Reiters, als Gegengefühl beim Ausfechten der Dominanz eingesetzt, ist damit eine der Voraussetzungen zum Erlangen der Vorrangstellung über Pferde.

Unbeherrschte Wut, in Verbindung mit Schmerzeinwirkung, ist eine der Todsünden im Umgang mit dem Pferd.

Freude

Nicht umsonst lautet ein altes Sprichwort: »*Nichts überträgt sich auf einen anderen Menschen mehr als das Lachen und das Gähnen*«. So ist also die Freude das wichtigste Gefühl, um Wohlbefinden und

Glück zu erlangen. Ist die Angst der vorwiegende Faktor bei der Auslösung eines negativen Grundgefühls, so ist die Freude für das positive Grundgefühl verantwortlich.

Gerade Freude, die sich bis zur Euphorie steigern kann, ist in der Lage, die meisten negativen Gefühle zu verdrängen, um das lebensnotwendige positive Grundgefühl zu erzeugen.

Freude ist in der Lage, die meisten negativen Gefühle zu verdrängen.

Freude und Fröhlichkeit steckt jedoch nicht nur den Menschen an. Denken wir doch wieder an unsere Hunde. Mit welcher Begeisterung apportieren sie einen Stock oder Ball, und welches Glücksgefühl zeigen sie uns bei der Begrüßung, selbst wenn wir nur kurze Zeit abwesend waren. Auch Pferde kennen Wohlgefühl und Freude, wie ich in diesem Buch dokumentieren werde.

Ein fröhlicher und glücklicher Reiter wird ein leistungsfreudiges und williges Pferd unter sich im Sattel haben, ein trauriger Reiter ein zaghaftes und unsicheres Tier.

Trauer

Dankbar denke ich zurück, wie unser kleiner, liebenswerter Hund Dogy sich bemühte, mich beim Tod meiner geliebten Mutter aufzumuntern. Er spürte meine unendliche Trauer und versuchte, mir tröstend die Beine zu lecken. Als dies nichts half, forderte er mich ständig zum Spielen auf, um mich abzulenken.

Noch stärker als Hunde fühlen die sensiblen Pferde die Trauer ihres Reiters. Oft sah ich in die hilflos blickenden Pferdeaugen meines Freundes Apache, wenn mich Sorgen oder Probleme auf die Koppel trieben.

Dein Pferd weiß um Dich.

Dein Pferd weiß um Dich. Es wird verstört und hilflos seinen Reiter tragen oder aber das apathische Verhalten des Menschen als Schwäche auslegen und versuchen, die Dominanz über ihn zu erhalten.

Energie (Wille)

Energie ist die Triebfeder des Menschen, die sich auf das Pferd übertragen muß.

Die Energie versetzt nicht nur Berge, sie kann auch ein ruhiges Kaltblutpferd, durch den Willen des Reiters, in ein »temperamentvolles Vollblut« verwandeln. Energie ist nicht nur die wichtigste Triebfeder des Menschen, sondern auch das wichtigste Gefühl, das ich als Reiter auf das Pferd übertragen muß.

Der Begriff Energie ist gleichzustellen mit dem alles entscheidenden Begriff Wille, denn jede Energie eines Menschen wird freigesetzt durch den Willen. Der Wille versetzt uns auch in die Lage, alle Gefühle in uns zu beeinflussen. Mit dem Verstand erhielt der Mensch die Möglichkeit, Gefühle zu erkennen und zu werten, mit dem Willen das »Werkzeug«, negative Gefühle in positive umwandeln zu können. Mit Energie und Willen können im Körper Widerstandskräfte mobilisiert und damit schwerste Krankheiten besiegt werden.

Lagerfeuer-Romantik.

Auf der anderen Seite kann auch eine einfache Grippe zum Tod führen, wenn der Kranke verzweifelt und aufgibt.

*I*nteressant ist auch die Erkenntnis, daß Energie und Begabung eines Menschen selten zusammentreffen. Oft sind weniger Begabte durch enormen Leistungswillen und Energie erfolgreicher als Menschen, denen die Genialität in die Wiege gelegt wurde. Dies ist auch wieder im Naturgesetz des Ausgleichs begründet. Würden Begabung und Energie grundsätzlich zusammentreffen, würde die Menschheitsentwicklung extrem verlaufen. Es gäbe nur Genies oder Idioten.

Verhaltensforscher haben festgestellt, daß sich auch bei Mann und Frau Gegensätzliches anzieht. Große Männer haben in der Mehrzahl kleine Partner. Temperamentvolle Menschen fühlen sich zu ruhigen hingezogen. Dunkelhaarige lieben meist Blondinen und umgekehrt. Nur so ist gewährleistet, daß die Menschheitsentwicklung nicht extrem verläuft und nur kleine, große, ruhige, temperamentvolle Personen, Geistesgrößen und Dummköpfe herumlaufen. Nur in wenigen Fällen, wenn Energie und Begabung zusammentreffen, kann ein Genie entstehen. Und das ist selten genug.

Die Energieübertragung des Reiters auf sein Pferd ist aus drei Gründen wichtig:

1. Sie nimmt dem Pferd die Angst vor fremden Dingen.
2. Sie weckt die Leistungsbereitschaft des Tieres.
3. Das Pferd wird die Persönlichkeit des Reiters akzeptieren, die Dominanz anerkennen und Geborgenheit fühlen.

Nur die Energie und nicht die körperliche Kraft des Reiters ist entscheidend.

*D*aß nur die Energie und nicht die körperliche Kraft des Reiters entscheidend ist, zeigt die Geschichte von Benjamin. Benjamin war das kleinste und mit sechs Jahren das jüngste von 50 Kindern, die jede Woche in den Pfingst- oder Sommerferien Abenteuer- und Reiterurlaub in meinem Ausbildungszentrum machen.

Natürlich fühlen die Pferde schnell, daß auf ihrem Rücken Anfänger und keine überlegenen Reiter sitzen, und reagieren dementsprechend mit Faulheit. Jede Beschwerde eines Kindes – »*Das Pferd geht nicht*« – beantwortete ich mit Benjamin. Ich hob den »laufenden Meter« in den Sattel mit den Worten »*Benjamin, zeig`s ihm*«. Wenn das Pferd nicht auf das Kommando zum Anreiten von Benjamin reagierte, wurde dieser »Bleistift« vor Zorn plötzlich zwei Meter groß. Er trommelte mit seinen kurzen Beinen, die gar nicht zum Pferdebauch reichten, auf dem Sattel herum, und ließ ein wildes »tacketacketack« ertönen, das jedem Indianer zur Ehre gereicht hätte. Die Pferde, die er ritt, waren nicht mehr wiederzuerkennen. Sie liefen, als säße ihnen der leibhaftige Teufel im Rücken. Mich hat »Klein-Benjamin« so beeindruckt, daß ich ihn heute noch als Lehrbeispiel für die Übertragung von Energie auf Pferde zitiere.

Mittlerweile ist er 24 Jahre alt, Student der Rechtswissenschaft und willensstark wie eh und je. Er war eines von 7000 Ferienkindern, denen wir in den vergangenen 18 Jahren die Liebe zu den Pferden und die Lagerfeuer-Romantik vermittelt haben.

Lustlosigkeit

Wenn Energie so stark auf Pferde übertragbar ist, kann man sich unschwer das Verhalten der Pferde bei Lustlosigkeit und Müdigkeit des Reiters vorstellen.

Mit Lustlosigkeit und Inkonsequenz werden Pferde verdorben.

Energielos hat man auf dem Pferderücken nichts zu suchen. Das Pferd spürt die Energielosigkeit und wird mit Ungehorsam und Dominanzverhalten reagieren. Mit der mit Lustlosigkeit verbundenen Inkonsequenz werden Pferde nur verdorben.

Positives Grundgefühl

Nicht nur die einzelnen Gefühle werden auf die Pferde übertragen, sondern auch das Grundgefühl des Menschen. Ein positives Grundgefühl löst Wohlbefinden aus, das sich bis zur Lust steigern kann. Die Wärme, die dieses Gefühl ausstrahlt, empfinden nicht nur wir Menschen, sondern noch deutlicher die Pferde, bei denen die Gefühlsübertragung nicht durch einen, oft trügerischen, Verstand getrübt ist.

Ich werde die Stunde niemals vergessen, als ich mit meinem Freund Apache, bei der Erkundung meiner Ranch in Arizona, in 3000 Metern Höhe zum ersten Mal ein Hochplateau erreichte. Überwältigend war die Aussicht. Zweihundert Kilometer entfernt leuchteten die Sierras Mexikos herauf. Mein Land lag vor meinen Füßen. Ich stieg ab, ließ Apache stehen und setzte mich an den Rand dieser natürlichen Aussichtsplattform. Ein übergroßes Glücksgefühl durchströmte meinen ganzen Körper. Mein positives Grundgefühl übertrug sich auf Apache. Plötzlich stand er über mir. Ich lehnte meinen Kopf an seine Brust und bewegungslos verharrten wir sechzig lange Minuten. Wir waren nicht nur körperlich, sondern auch gefühlsmäßig verbunden. Es war eine der glücklichsten Stunden in meinem Leben. Man kann diese mit keinem Geld der Welt käuflich erwerben. Es ist das Geschenk des gegenseitigen positiven Mitgefühls zwischen Mensch und Tier.

Glück kann man mit keinem Geld der Welt käuflich erwerben.

Negatives Grundgefühl

Ein negatives Grundgefühl des Reiters überträgt sich auf sein Pferd.

Ein negatives Grundgefühl läßt sich leider nicht verhindern. Auch das gehört zum Naturgesetz des Ausgleichs. Streß im Verkehr, Überforderung am Arbeitsplatz oder Ärger in der Familie sind nur einige Gründe, die ein negatives Grundgefühl auslösen können.

Ein negatives Grundgefühl des Reiters wird sich auf sein Pferd übertragen und auch bei diesem ein Unwohlempfinden auslösen. Dabei ist gerade der Umgang mit Pferden eine der besten Möglichkeiten, Streß zu vergessen und das negative Grundgefühl, mit Reiten in Harmonie, in ein positives zu verwandeln.

Pferdbezogene Gefühle des Reiters

Sympathie und Antipathie

Das Gefühl Sympathie ist immer eine Beziehung zwischen zwei Individuen. Es ist nicht steuerbar. Bei der ersten Begegnung mit einem Menschen oder einem Tier entsteht Sympathie, Gleichgültigkeit oder Antipathie. Es ist bis heute noch nicht erforscht, was der auslösende Faktor dafür ist.

Sympathie ist immer eine Beziehung zwischen zwei Individuen.

»Man kann sich riechen«,

oder *»Man kann sich nicht riechen«.*

Tatsächlich strömen »unsympathische« Menschen oft einen, für das eigene Empfinden unangenehmen Duft aus.

Angenehme Menschen kann man riechen, selbst wenn ihnen nach einer Anstrengung der Schweiß von der Stirn läuft. Pferde und auch Hunde beschnuppern sich grundsätzlich bei der ersten Begegnung. Die Reaktionen darauf sind einladender oder auch abweisender Art.

Aber allein der Geruch kann nicht der einzige Faktor sein, der über Sympathie oder Antipathie entscheidet. Wir können andere Menschen leiden oder widerlich finden, selbst wenn sie sich außerhalb unseres Geruchsbereiches befinden und noch kein Wort mit uns gesprochen haben. Das geflügelte Wort »eine Welle der Sympathie« bringt uns der Lösung näher. Jedes Lebewesen hat eine Ausstrahlung.
Nur wenn die »Wellenlänge« zwischen zwei Geschöpfen stimmt, also Sender und Empfänger harmonieren, ist das Gefühl der Zuneigung möglich.

Nur wenn die »Wellenlänge« zwischen zwei Lebewesen stimmt, ist das Gefühl der Zuneigung möglich.

Sympathie gibt es nicht nur unter Menschen oder unter Tieren, sondern natürlich auch zwischen Mensch und Tier. Wie es bei Pferden untereinander Feindschaften gibt, reagieren manche Pferde auf bestimmte Reiter »allergisch«. Man kann dieses Ressentiment nur begrenzt abbauen. Aus diesem Grund ist es wichtig, bei der Anschaffung eines Pferdes, nicht nur auf äußere Anzeichen, wie Schönheit und Farbe Wert zu legen, sondern mehr auf die »Stimme des Herzens« zu hören. Menschen und Tiere können mit dem Gefühl weit besser eingeschätzt werden als mit dem Verstand. In dieser Beziehung sind uns die Pferde weit überlegen, sie sind die besseren Menschenkenner.

Liebe

Liebe ist das am meisten falsch interpretierte Gefühl des Menschen. Alle Schattierungen der Palette Liebe aufzuführen, würde viele Seiten eines dicken Buches füllen. Doch einige grundlegende Betrachtungen können wir uns nicht ersparen, um wenigsten die Grundsätze des schönsten und stärksten Gefühls zu verstehen, zu dem wir Menschen fähig sind.

Liebe ist das schönste und stärkste Gefühl, zu dem wir Menschen fähig sind.

Wieviel Unglück und Leid, wie viele zerstörte Partnerschaften und Ehen fielen schon der irrigen Meinung zum Opfer, daß Liebe gleich-

Liebe ist das stärkste und schönste Gefühl aller Lebewesen. Das spürbare Gefühl ist zwischen Mutter, Kind oder Pferd immer das gleiche.

bedeutend mit Sex ist. Sexualität ist nur ein Steinchen in dem wunderschönen und farbenprächtigen Mosaik, das aus so vielen Facetten dieses gewaltigen Gefühls zusammengesetzt ist.

Liebe kann entstehen durch *Eigenschaften* wie Schönheit, Rassigkeit, Intelligenz, Treue, Anhänglichkeit, Vertrauen, Können, Leistung, Aufopferung, Untergebenheit und durch *Gefühle* wie Bewunderung, Verehrung, Achtung, Stolz, Dankbarkeit, Macht, Verbundenheit, Vertrauen, Faszination, Begierde, sexuelles Verlangen, aber auch durch Mitleid und Verantwortungsgefühl.

Das spürbare Gefühl von Liebe ist stets das gleiche – egal, welchem Lebewesen gegenüber man dieses Gefühl aufbringt.

*I*mmer ist das spürbare Gefühl Liebe das gleiche, egal ob es sich um die Liebe zu den Eltern, den Geschwistern, dem Kind, dem besten Freund, dem Partner, der Geliebten oder zu einem Tier wie Pferd und Hund handelt. Die Zusammensetzung der Liebe ist jedoch immer von verschiedenen Fakten geprägt.

Dies gilt auch für die Liebe des Reiters zum Pferd. Eigenschaften wie Schönheit, Treue, Anhänglichkeit, Leistungsbereitschaft, Untergebenheit und Gefühle wie Stolz, Verbundenheit, Dankbarkeit, Verantwortungsgefühl und Macht prägen die Empfindung des Menschen seinem Pferd gegenüber. Die Liebe wird vom Pferd aufgenommen und kann mit großer Anhänglichkeit erwidert werden.

Ein geflügeltes Wort sagt: »Man kann sich riechen oder nicht riechen.«

*H*aß

Man sagt: »Haß führt in die Hölle«. Dies ist nicht richtig. Haß führt nicht in die Hölle – Haß ist die Hölle. Vom Haß geprägte Handlungen können niemals eine Befriedigung herbeiführen, sondern den Haß nur noch vertiefen. In ihm erstickt jedes positive Gefühl, und auch das alles entscheidende Grundgefühl bewegt sich im negativen Bereich. Menschen, die hassen, sind innerlich längst tot. Pferde allerdings sollte man vor solchen Menschen in Sicherheit bringen.

Wo Haß ist, kann Sadismus nicht weit sein.

Überlegenheit

Überlegenheit hat nichts mit Hochmut zu tun.

Überlegenheit hat mit Hochmut nichts zu tun. Sie entsteht aus einer klarlinigen Dominanz und einer verantwortungsvollen Führungsqualität. Die Überlegenheit eines Menschen kann Bewunderung und Geborgenheit, bei unterlegenen Zeitgenossen allerdings auch Neid und Mißgunst auslösen.

Die Überlegenheit eines Reiters über sein Pferd begründet sich die Kenntnis der Verhaltensweise eines Pferdes und das Wissen, dieses dadurch absolut unter Kontrolle zu haben. Ein Pferd wird immer fundierte Überlegenheit und Souveränität eines Menschen anerkennen und sich in der Geborgenheit des Ranghöheren wohlfühlen.

Überlegenheit darf niemals mit Einbildung verwechselt werden. Diese wird vom Pferd sofort entlarvt und löst ein dementsprechendes Rangordnungsverhalten aus.

Unterlegenheit

Wie die tatsächliche Überlegenheit über das Pferd von diesem positiv erkannt und mit Gehorsam und Unterwürfigkeit beantwortet wird, löst die Unterlegenheit des Reiters beim Pferd ein gnadenloses Rangordnungsverhalten aus. Es wird sich weder führen, noch reiten lassen und erwartet vom unterlegenen Menschen Gehorsam.

So kann Reitern, die sich dem Pferd unterlegen fühlen, nur geraten werden, ihr Wissen über Pferde zu erweitern und den richtigen Umgang mit Pferden zu erlernen. Ansonsten ist der gemeinsame Sport mit dem Lebewesen Pferd als zu gefährlich abzulehnen.

Mut

Mut ist ein ausschließlich menschliches Verhalten.

Obwohl Mut eigentlich kein Gefühl ist, muß ich dennoch darauf eingehen. Tiere können nicht mutig sein. Sie haben entweder Angst (Fluchttiere) oder keine Angst (Aggressionstiere). Wo keine Angst ist, kann es auch keinen Mut geben. So ist Mut ein ausschließlich menschliches Verhalten. Das Aufkommen von Angst in mir ist nicht zu verhindern. An mir liegt es, ob ich in der Lage bin, meine Angst mit Willensstärke zu besiegen, also mutig zu handeln. Gerade beim Umgang mit Pferden ist es wichtig, Ängste mit Mut zu bekämpfen. Dabei wird so viel Energie freigegeben, daß diese auf das Pferd nicht nur beruhigend, sondern auch leistungssteigernd wirkt.

Verhaltensstruktur

Das Universum, die Erde, das Wachstum der Pflanzen und das Leben der Tiere, alles ist den eisernen Gesetzen der Natur unterworfen. So wie die Pflanzen immer dem Licht entgegen wachsen, unterliegt auch das Verhalten der Tiere einem klaren, von der Evolution vorgezeichneten Schema.

Bei Kenntnis und Zugrundelegung aller angestammten Verhaltensweisen und Triebe, kann also auch bei den Pferden ein exaktes Verhaltensmuster nachgewiesen werden.

Nach der klaren Definition des Handlungsprozesses und der Analyse der Gefühle, ist es mir nun gelungen, eine präzise Verhaltensstruktur der Pferde zu erarbeiten. Damit ist jedes Verhalten, seinen Artgenossen, aber auch dem Menschen gegenüber, offenkundig und erklärbar.

Freundverhalten – Feindverhalten

In einer mehr als 70 Millionen Jahre langen Entwicklungsgeschichte, vom fuchsgroßen fünfzehigen Tier bis zum heutigen einhufigen Pferd, entstanden zwei präzise abgegrenzte Verhaltensmuster:

das Freundverhalten *(Pferd – Pferd)* und

das Feindverhalten *(Pferd – Raubwild)*.

Das Freund-Feind-Verhalten ist vom Arterhaltungstrieb geprägt und zum Überleben notwendig.

Diese Verhaltensweisen waren vom Arterhaltungstrieb geprägt und zum Überleben notwendig.

Vor etwa 6000 Jahren wurden die Pferde domestiziert, der Mensch drängte sich in ihr Leben. Durch das Fehlen des logischen Denkvermögens mußten die Pferde den Eindringling in ihr angestammtes Verhaltensmuster einordnen. So wird der Mensch, je nach Verhalten, in das Feindbild (bei Schmerzeinwirkung) oder in das Freundbild eingestuft.

Verhaltensstruktur der Pferde

Pos. GG = Positives Grundgefühl, Neg. GG = Negatives Grundgefühl

Freundverhalten Pferd – Pferd		Feindverhalten Pferd – Raubwild	
Pos. GG	**Neg. GG**	**Panikgefühl**	**Verzweiflung**
Wohlbefinden/ Freude erzeugt Leistungsbereitschaft/Lust	Unwohlbefinden/ Angst erzeugt Unlust/ Unterwürfigkeit	Panik erzeugt Wehrverhalten/ Tötungswille	Verzweiflung erzeugt Aufgabe/Todeserwartung
Dominanztrieb	**Dominanztrieb**		
beim Überlegenen Überlegenheitsgefühl/Macht	beim Überlegenen Wut/Aggression		
beim Unterlegenen Ruhe/ Geborgenheit	beim Unterlegenen Unwohlsein/ Angst		

Freundverhalten

Betrachten wir zunächst einmal das Freundverhalten eines Pferdes. In diesem Verhalten wird in der Geborgenheit, aber auch bei den Rangordnungskämpfen einer Herde, das gesamte Gefühlsleben, außer den Gefühlen Panik und Verzweiflung, ausgelebt. Dabei bestimmen sowohl erfreuliche als auch unerfreuliche Ereignisse das Wohl- oder Unwohlempfinden dieser Tiere. Ausgelöst wird dieses durch das positive oder negative Grundgefühl, das durch die überwiegende Summe der einzelnen Gefühle geprägt wird.

So erzeugt ein positives Grundgefühl Wohlbefinden, das sich bis zur Freude steigern kann. Dieser erfreuliche Zustand bewirkt beim Pferd eine Leistungsbereitschaft die sich bis zur Lust entwickeln kann.

Das negative Grundgefühl dagegen verursacht Unwohlempfinden bis zur Angst und löst Unlust bis zur Unterwürfigkeit aus.

Angst löst Unterwürfigkeit und Zwangsverhalten aus.
Pferde müssen den Menschen in ihr angestammtes Verhaltensmuster einordnen, das war die erste grundlegende Feststellung. Meine zweite entscheidende Erkenntnis lautet:

Angst bewirkt nicht Wehrverhalten, sondern nur Unterwürfigkeit, also Zwangsverhalten.

Es ergab für mich keinen Sinn, daß ein und dasselbe Gefühl, nämlich Angst, auf der einen Seite Unterwürfigkeit erzeugt, was unschwer beim Rangordnungsverhalten zu erkennen ist, und auf der anderen Seite für die gegensätzliche Reaktion, das Wehrverhalten, verantwortlich sein soll. Wo war hier die dem Naturgesetz zu Grunde liegende Logik? Ich zerbrach mir lange Zeit den Kopf, spielte viele Verhaltensweisen der Pferde durch, doch keine führte zu einer klaren Verhaltensstruktur.

Erst die Entdeckung, daß grundsätzlich *ein* Gefühl nur für *einen* Verhaltensablauf zuständig sein kann, brachte die Lösung. Es war ja so einfach. Wie Schuppen fiel es mir plötzlich von den Augen:

Panik löst Wehrverhalten aus.

So löst also nicht die Angst, sondern nur die Steigerung von Angst, das gefürchtete Wehrverhalten eines Pferdes aus – die Panik.

Daß Panik bei Pferden Wehrverhalten wie Steigen, Buckeln, Beißen, Ausschlagen und Durchgehen auslöst, ist leicht zu beweisen. Bei Angst sind die Reaktionen eines Lebewesens kontrolliert, was gezielte Tritte und Bisse beim Dominanzverhalten beweisen.

Bei Panik werden Pferde unkontrollierbar.

Bei Panik werden Pferde unkontrollierbar.

Wir kennen dies auch bei uns Menschen. Mit einem Angstgefühl vor den Wellen des Meeres ist man immer noch in der Lage zu schwimmen. Gerät der Schwimmer aber in Panik, werden die Schwimmbewegungen unkontrolliert. Er geht unter.

Geraten Pferde in Panik, reagieren sie ebenso unkontrolliert. Bei panikartigem Durchgehen rennen sie sogar in einen ratternden Güterzug oder stürzen sich in einen Abgrund. Beim panikartigen Ausschlagen bemerken sie nicht, ob sie sich dabei die Beine an einer Mauer oder an einem Zaun brechen. So ist also eine ganz klare Trennung zwischen Angst und Panik festzustellen. Diese ist durch die deutliche Abgrenzung zwischen Freund- und Feindverhalten leicht zu erklären:

1. Angst ist ein Gefühl im Freundverhalten eines Pferdes
2. Panik ist ein Gefühl im Feindverhalten eines Pferdes

Panikverhalten ist Feindverhalten

Es gibt zwischen den Verhaltensmustern »Freund« oder »Feind« keine Grauzone, sondern nur eine klar abgegrenzte Linie.

Es gibt zwischen den Verhaltensmustern »Freund« oder »Feind« keine Grauzone, sondern nur eine klar abgegrenzte Linie. Die Grenze von Freund zu Feind kann durch Schmerzeinwirkung, je nach Sensibilität eines Pferdes, schnell überschritten werden. Der Reiter wird dann für das Pferd zum Raubtier. Mit aller Kraft versucht das Pferd, sich des Feindes zu entledigen. Wenn alle Kräfte aufgebraucht sind, ist es bereit zu sterben. Zwei Verhaltensweisen sind im Feindverhalten erkennbar:

1. Flucht, Wehrverhalten und Tötungswille
2. Aufgabe, Gebrochensein und Todeserwartung

Die Reaktionen beim Wehrverhalten, das Steigen, Buckeln, Ausschlagen, das Sich-Zu-Boden-Werfen und Durchgehen, sind unkontrollierte Wehrbewegungen, mit denen das Pferd versucht, das todbringende Raubwild abzuschütteln.

Das von Panik ausgelöste Wehrverhalten kann sich bis zum Tötungswillen steigern.

Das von Panik ausgelöste Wehrverhalten der sonst so friedlichen Tiere kann sich den Feinden gegenüber bis zum Tötungswillen steigern. Diese Reaktion wird ebenfalls vom Selbsterhaltungstrieb gefordert. Kann eine Wildpferdeherde vor einem Raubwild nicht mehr flüchten, bildet sie einen Kreis und wehrt sich mit der Waffe »Hinterbeine«. Wird dabei ein Raubtier getroffen und liegt verletzt oder wehrlos am Boden, löst dies bei den Pferden einen Tötungswillen aus, den es nur im Feindverhalten gibt. Sie treten das Raubwild zu Tode.

Zweimal habe ich diese Reaktion bei sonst braven Pferden auch gegen den Menschen beobachtet. Die erschreckenden Geschichten sind in diesem Buch nachzulesen.

Verzweiflung erzeugt Todeserwartung

Beim Todeskampf mit einem Raubwild erzeugt der Körper, um alle verfügbaren Kräfte mobilisieren zu können, das körpereigene Dopingmittel Adrenalin. Damit können selbst die letzten Kraftreserven aufgezehrt werden. Wenn auch diese Kräfte erschöpft sind, macht sich beim Pferd das Gefühl der Verzweiflung breit, das jede Widerstandskraft zum Erlahmen bringt. Das Pferd gibt auf. In der Erwartung eines schnellen Todes bietet es seine Kehle zum tödlichen Biß an. Es ist gebrochen.

Pferde können mit Panik gebrochen und mit Angst dominiert werden.

Die von mir erarbeitete Verhaltensstruktur von Pferden beweist leider, daß Pferde, in Angstzustände versetzt, zum Gehorsam gezwungen werden können. Sie beweist auch, daß man diese Tiere, in Panik versetzt, brechen kann.

Auch heute noch wird in Amerika ein Teil der Pferde nicht eingeritten, sondern eingebrochen. Mit Kandare und Sporen wird das ungerittene Pferd in Panik versetzt, bis es mit all seiner Kraft versucht, sich des Reiters zu entledigen. Wenn ihm das nicht gelingt und die letzten Körperkräfte, die das Tier eigentlich zum Überleben braucht, aufgezehrt sind, wird es zitternd, in totalem Erschöpfungszustand aufgeben und sich in Todeserwartung seinem Schicksal ergeben. Es ist gebrochen und wehrt sich nicht mehr – eine Methode, die auch beim Einfahren der Pferde eine üble, aber leider oft auch übliche Art war. Man schirrte die jungen Pferde vor zwei dicke Baumstämme und versetzte sie mit der Peitsche so lange in Panik, bis sie völlig erschöpft, kurz vor dem organischen Zusammenbruch, aufgaben und sich nicht mehr gegen das Geschirr wehrten.

Pferde sind bereit, dem Menschen freiwillig zu dienen, wenn sie ohne Zwang ausgebildet werden.

Festzustellen ist also, daß tatsächlich ein gewisser Erfolg mit Schmerzeinwirkung auf Pferde erreicht werden kann. Eines muß jedoch klar erkannt werden:

Die Pferde befinden sich dabei immer im Bereich des negativen Grundgefühls. Schäden an Körper und Seele sind dabei auf Dauer nicht zu verhindern. Für den verantwortungsvollen Reiter ist das Brechen eines Pferdes keine Alternative. Pferde sind bereit, dem Menschen, wenn sie ohne Zwang ausgebildet werden, *freiwillig* zu dienen.

Dominanztrieb im Freundverhalten

Ein Pferd herrscht – oder es dient.

Wenn beim Umgang, der Ausbildung und dem Reiten eines Pferdes keine schmerzbringenden Mittel eingesetzt werden, kann sich der Mensch niemals im Feindbild des Pferdes befinden. Das dort von den Pferden gezeigte und gefürchtete Wehrverhalten bleibt aus.

Die Konfrontation des Menschen mit dem Dominanztrieb der Pferde findet also immer innerhalb des Freundbildes des Pferdes statt.

So ist die Kenntnis des Dominanzverhaltens der Pferde die primäre Voraussetzung, Pferde führen zu können. Bei allen verdorbenen Pferden, die ich zur Korrektur bekomme, ist immer ein Dominanzproblem vorhanden. Das oberste Gesetz des Rangordnungsverhaltens lautet:

Ein Pferd herrscht – oder es dient.

Es gibt nichts dazwischen. Aus diesem Grund wollen wir einmal die Verhaltensweise eines dominanten Pferdes dem Rangniederen gegenüber untersuchen.

Gefühle und Reaktionen des dominanten Pferdes

Jedes Pferd will in der Hierarchie einer Herde so hoch wie möglich stehen, um alle Vorteile dieser Position genießen zu können: das beste Futter, Vorrang an der Tränke, schattiger Unterstand, sicherer Platz in der Herde und vieles mehr. Diese Vorrangstellung beschert dem Ranghöchsten nicht nur das Leben eines »Paschas«, sondern schenkt ihm durch Gehorsam der Unterlegenen auch königliche Gefühle wie Überlegenheitsgefühl und Macht. Mit diesen Gefühlen ist es leicht, Souveränität zu zeigen, von oben herab auf die Rangeleien der Rangniederen zu schauen und auch einmal einen »Kleinen« gönnerhaft in seinem Schutz neben sich grasen zu lassen.

Ungehorsam eines rangniederen Pferdes kann ein Herrscher in seinem Reich nicht dulden. Aus dem erhabenen Regenten wird in Sekundenschnelle ein rächender Diktator. Das Überlegenheitsgefühl weicht einer bösen Wut. Diese Gefühlswallung löst eine gnadenlose Aggression aus, um den Aufständischen wieder in die Schranken zu weisen.

Wenn das Pferd gelernt hat, sich gegenüber dem Reiter durchzusetzen, wird es mit Wut und Aggression dem Menschen begegnen, sollte sich dieser ihm widersetzen.

Das Verhalten einem Menschen gegenüber weicht davon in keiner Weise ab. Wenn das Pferd gelernt hat, sich gegenüber dem Reiter durchzusetzen, wird es mit der gleichen Wut und Aggression dem Menschen begegnen, sollte dieser es wagen, sich ihm zu widersetzen.

Gefühle und Reaktionen des untergeordneten Pferdes

Untergeordnete Pferde fühlen sich zunächst einmal im Schutz der »Mächtigen« wohl und sicher. Sie überlassen ihnen das Sicherheitsdenken. Wenn die »Großen« ruhig fressen, droht keine Gefahr. Im »Volk« breitet sich Ruhe und Geborgenheit aus, was ein gutes Grundgefühl bewirkt. Es lohnt sich, gehorsam zu sein. Wenn nur der Drang nach oben nicht wäre. Warum sollen Pferde zufriedener sein als wir Menschen? Man kann es ja einmal versuchen ...

Der Ungehorsam des rangniederen Tieres wird jedoch sofort bestraft. Die Wut und die Aggression des Ranghöheren erzeugt beim Unterlegenen Unwohlsein, das sich bis zur tiefen Angst steigern kann. Da bleibt dem »Fußvolk« nichts anderes übrig, als mit Unterwürfigkeit den »Chef« wieder zu beruhigen. Und schon bald genießen die Pferde es wieder, sich im Schatten des Starken beschützt und geborgen zu fühlen.

Dominanz heißt, mit Klarlinigkeit, Willensstärke, Gerechtigkeit und Konsequenz dem Pferd eine Persönlichkeit zu bieten, der es sich im vollen Vertrauen unterordnen kann.

Auf den Reiter und Führer eines Pferdes übertragen bedeutet das die Notwendigkeit, seinem Pferd gegenüber die Führungsrolle behaupten zu müssen. Dominanz zu erlangen heißt aber auf keinen Fall, das Pferd mit schmerzbringenden Mitteln zu unterwerfen. Dominanz heißt, mit Klarlinigkeit, Willensstärke, Gerechtigkeit und Konsequenz dem Tier eine Persönlichkeit zu bieten, der es sich im vollen Vertrauen unterordnen kann. Nur dann ist es bereit dem Menschen im positiven Grundgefühl mit Freude zu dienen.

Jedes Pferd ist berechenbar

Pferde können nicht falsch sein. Sie können nur so reagieren wie sie veranlagt sind. Also ist jedes Pferd berechenbar. Voraussetzung ist die Kenntnis aller Verhaltensfaktoren eines Pferdes, die ich hier noch einmal zusammenfassen möchte:

1. Das Freund-Feind-Verhalten eines Pferdes
2. Die Leistungsbereitschaft bei positivem Grundgefühl
3. Die Unlust bei negativem Grundgefühl
4. Angst erzeugt Unterwürfigkeit und Zwangsverhalten
5. Panik erzeugt unkontrolliertes Wehrverhalten und Tötungswillen
6. Das Brechen eines Pferdes erzeugt Todeserwartung
7. Dominanz erzeugt beim Unterlegenen Geborgenheit oder Angst
8. Dominanz erzeugt beim Überlegenen Machtgefühl oder Aggression bei Ungehorsam

Immer wieder hört man: »*Was tausend Jahre richtig war, kann nicht plötzlich falsch sein*«. Dies ist ein dem Verstandesmenschen unwürdiger Ausspruch. Vor tausend Jahren starben Menschen noch an der Pest, wurden Frauen noch als Hexen und Männer als Ketzer verbrannt. Die Wissenschaft steckte noch in den Kinderschuhen.

Heute ist der Mensch in der Lage, mit einer bemannten Mondlandung selbst die Extreme des Weltraums zu bezwingen. Haben wir nicht auch die Pflicht, die Erkenntnisse der Wissenschaft auch dem ältesten Freund und Helfer des Menschen zugute kommen zu lassen? Wir unterjochen ihn oft noch mit Mitteln aus der Zeit der Hexenverbrennung.

Nur wir Menschen stechen mit unserem logischen und schöpferischen Denkvermögen aus dem gesamten Universum heraus. Nur wir Menschen sind damit in der Lage, das Verhalten der uns anvertrauten Tiere zu analysieren. Der Verstand kann nicht nur dazu da sein, immer noch schnellere und gefühllosere Maschinen zu bauen.

Ist es nicht höchste Zeit, unsere geistigen Kapazitäten einmal dafür zu gebrauchen, dem Pferd endlich die gerechte Behandlung zukommen zu lassen, die es in der Jahrtausende langen Geschichte als Helfer des Menschen längst verdient hat?

Eine auf Belohnung aufgebaute, freiwillige Leistungsbereitschaft ist jedem Zwang weit überlegen.

Mit der Kenntnis der Psyche und Verhaltensweise der Pferde haben wir den Schlüssel in der Hand, aus dem Pferd einen Sportkameraden zu machen, der uns in freudiger Leistungsbereitschaft dienen will. Die treuen Tiere jedoch mit Gewalt zu unterjochen, ist eine Methode des Mittelalters und hat in der heutigen aufgeklärten Zeit nichts mehr zu suchen.

Eine auf Belohnung aufgebaute, freiwillige Leistungsbereitschaft ist jeder auf Zwang aufgebauten Leistung, weit überlegen.
Mit der erarbeiteten Verhaltensstruktur ist das Pferd kein unbekanntes Wesen mehr.

Nachdem wir nun den Ablauf einer Handlung in vier klar abgegrenzte Schaltvorgänge einteilen konnten, das Gefühl als auslösenden Faktor für jede Reaktion erkannten und den Trieben die wichtige Aufgabe der Arterhaltung zugeordnet haben, kann jedes Verhalten eines Pferdes erkannt, analysiert und dadurch berechnet werden.

Mit der erarbeiteten Verhaltensstruktur liegt die Psyche und Verhaltensweise eines Pferdes wie ein offenes Buch vor uns. Wenn wir bereit sind, darin zu lesen, können wir nicht nur alle Reaktionen eines Pferdes verstehen und voraussehen, sondern auch durch eine pferdgerechte Haltung das Wohlbefinden und dadurch die Gesundheit unserer Pferde sicherstellen.

Mit der erarbeiteten Verhaltensstruktur liegt die Psyche und Verhaltensweise eines Pferdes wie ein offenes Buch vor uns.

Nun ist auch das Verhalten der Pferde in den Erlebnisberichten zu verstehen. Reaktionen, die teilweise nicht erklärbar waren, werden nun logisch und durchschaubar.

Wollen wir nun die am Anfang des Buches stehende Geschichte meines Freundes Apache etwas näher betrachten. Bei der Analyse des Verhaltens von Apache fallen uns zwei wichtige Merkmale näher auf:

1. Das Gefühl der Eifersucht und dessen Reaktion
2. Das Dominanzverhalten

Eifersucht

Eifersucht ist ein Gefühl, das bei Pferden anzutreffen ist.
Bei Paarbildungen in einer Herde schirmt das männliche Tier seine Stute energisch gegen die Annäherung von Konkurrenten ab. Die Stute reagiert äußerst aggressiv anderen Stuten gegenüber, sollte ihr männlicher Partner für diese Interesse zeigen.

Eifersucht ist ein Gefühl, das bei Pferden anzutreffen ist.

Deutlich konnte ich Eifersucht auch im Verhältnis zwischen Pferd und Mensch feststellen. Wie bei der Stute Blue beschrieben, verteidigt auch Apache seinen Platz neben mir mit äußerster Aggressivität rangniederen Pferden gegenüber. Apache steht in meiner Herde an siebter Rangstelle. Sucht ein ranghöheres Pferd meine Nähe, weicht er den Drohgebärden des Dominanten aus. Außerhalb des Intimbereichs bleibt er stehen und blickt hilflos und mitleiderregend zu mir herüber. Wenn sich das dominante Pferd jedoch wieder entfernt oder ich aus dessen Intimbereich gehe, verteidigt Apache sofort wieder seinen Platz an meiner Seite.

So löst Eifersucht
1. dem rangniederen Pferd gegenüber Wut
und ein aggressives Verhalten,
2. dem dominanten Pferd gegenüber Hilflosigkeit
und Trauer aus.

Beides erzeugt im Körper ein negatives Grundgefühl, das Unlust auslöst und Leistungsbereitschaft verhindert.

Dominanzverhalten

Schon einer der Stammväter der »Hohen Schule«, der griechische Feldherr und Reitmeister Xenophon, sagte vor 2500 Jahren:
»Die Pferde, die sich nicht brechen lassen, sind die besten.«

Apache kann mit Schmerzeinwirkung nicht gebrochen werden.

Apache ist eines jener Pferde, das mit Schmerzeinwirkung nicht gebrochen werden konnte. Der schmerzende Einsatz von Sporen löste bei seiner Ausbildung nicht Angst und dadurch Unterwürfigkeit, sondern Panik und damit Wehrverhalten aus. Er lernte, daß er beim Einsatz schmerzender Sporen sich mit Buckeln seines Reiters entledigen konnte. Diese Erfahrung löste wiederum ein ausgeprägtes Dominanzverhalten gegenüber dem Menschen aus. Daraus ergeben sich drei Probleme:

1. Der Absatz oder der Schenkel des Reiters
darf kein Wehrverhalten auslösen.
2. Der Absatz oder Schenkel
muß als treibende Hilfe anerkannt werden.
3. Die Dominanz des Menschen
muß respektiert werden.

So ist das Verhalten von Apache folgendermaßen zu analysieren. Durch das *Natürliche Reiten* ohne jegliche Schmerzeinwirkung, unterstützt durch die Ausbildung mit Belohnung, verlor Apache gegenüber dem Menschen das Wehrverhalten. Der Mensch befindet sich also nicht mehr im Feind-, sondern im Freundbild.

Apache lernte nun, den Menschen mit positiven Erfahrungen in Verbindung zu bringen. Dies erweckte bei ihm Zuneigung, die sich bis zur Liebe steigerte. Durch gradliniges und konsequentes Verhalten des Reiters wurde auch die Dominanz über das Pferd erreicht, die wiederum Geborgenheit auslöste. Durch das auf Belohnung aufgebaute *Natürliche Reiten* befindet sich Apache im positiven Grundgefühl, das zur Leistungsbereitschaft führt. Er reagiert nun auf die leichtesten Zügel- und Schenkelhilfen, die keine negativen Erinnerungen mehr wecken.

Schlechte Erfahrungen wird ein Pferd auf Grund seines hervorragenden Gedächtnisses nie vergessen.

Das durch Eifersucht ausgelöste negative Grundgefühl erzeugte eine Leistungsunlust. Apache war dadurch nicht mehr bereit, auf leichteste Hilfen zu reagieren. Der erforderliche, stärker angelegte, treibende Schenkel löste jedoch, auf Grund der tief eingeprägten negativen Erinnerung an die schmerzenden Sporen, sofort das Feindbild und somit das Wehrverhalten aus. Dank des ausgezeichneten Gedächtnisses der Pferde wird es Jahre dauern, bis die tief eingravierten schlechten Erfahrungen der schmerzenden Sporen von den neuen positiven Erfahrungen verdrängt sind. Restlos vergessen wird ein Pferd jedoch nie.

Nur ein Teil der Pferde läßt sich brechen oder reagiert auf Schmerzeinwirkung mit Unterwürfigkeit. Werden Pferde natürlich – ohne Schmerzeinwirkung – eingeritten und ausgebildet, kann das Wehrverhalten Buckeln nicht entstehen. Buckeln stellt eine Untugend dar, die nie von Pferden vergessen wird und immer wieder ausbrechen kann. Haben sie Untugenden nie gelernt, werden diese bei vernünftiger und fairer Reitweise auch niemals auftreten.

Arbeitspferde eingebrochene Pferde

Der Rancher Steven Boyd, einer der letzten Pioniere des Wilden Westens.

Mit echter Gastfreundschaft, wie sie im alten Westen Amerikas noch anzutreffen ist, wurde ich auf der »Wagon Wheel Ranch« begrüßt. Der Rancher Steven Boyd war alt geworden. Die trockene Luft, der tägliche Sonnenschein und die harte Arbeit auf seiner Cattle-Ranch im Süden Arizonas hatten ihn geprägt. Markante Gesichtszüge und seine grauen Augen, die mir klar unter den weiß gewordenen buschigen Brauen entgegenblickten, ließen mich erkennen: Hier steht einer der letzten Pioniere des Wilden Westens. Sein Vater hatte sie alle noch persönlich gekannt: Wyatt Earp, Doc Holiday und die Clantons, die mit dem berühmtesten Gunfight im Wilden Westen am O.K.Corral in Tombstone eine Legende geschaffen hatten. Tombstone ist dadurch unsterblich geworden, denn eine halbe Million Gäste wandelt hier jährlich auf den Spuren der so jungen Geschichte der Amerikaner. Die vielen Touristen haben verhindert, daß diese alte Silberminenstadt zur Geisterstadt wurde, nachdem die Erzvorräte erschöpft waren und der Abbau sich nicht mehr lohnte. So ist Tombstone die einzige, original erhaltene Westernstadt Amerikas.

Der »oldtimer« Steven Boyd wollte sich nach einem harten und teilweise entbehrungsreichen Leben zur Ruhe setzen. Er hatte sich mit seiner Rinderzucht immer durchgebissen, wenn er auch in der sechs

Desinteressiert standen die Ranchpferde auf der Koppel.

Jahre dauernden schrecklichen Dürrezeit von 1940 bis 1946, nur mit Mühe den Verlust seiner Rinderherde verhindern konnte. Die Frau des alten Pioniers war bereits vor Jahren gestorben.

Nachdem er alle Rinder veräußert hatte, wollte er nun auch noch mit dem Verkauf seiner sechs Pferde den verdienten Ruhestand sichern. Ein Nachfolger war nicht vorhanden.

Steven zeigte mir die Pferde. Ohne Interesse an uns Menschen standen sie auf der Koppel: der Ranghöchste, ein starkes, schwarzes Quarterhorse namens A.J. und seine Freundin Roany, eine seltene rostrote Stute. Geronimo, ein großer Rappe, war der Dritte im Bunde. Er hatte sich als Partnerin Bucky, wie wir sie später nannten, ausgesucht. Sie ist eine grau-gelbe Buckskin-Stute mit einer mächtigen Hinterhand. Es folgte ein leistungsbereiter, mit prächtigen Muskeln bepackter Fuchswallach namens Preacher. Er hatte die besten Nerven und tat keinen Schritt mehr, als unbedingt erforderlich. Den Schluß bildete Spotty, das hübscheste Pferd dieser Herde, ein wunderschön gezeichneter Appaloosa. Diese herrlichen Indianerpferde sind etwas sensibler als die unproblematischen Quarterhorses. So war auch Spotty ein bißchen nervös und kopfscheu.

Diese sechs Pferde sollten also den Stamm meiner Pferdeherde bilden. Alle hatten in diesem unwegsamen Gelände im schweren Rindergeschäft hart gearbeitet und waren lammfromm. Dem Menschen gegenüber verhielten sie sich apathisch und desinteressiert – ein sicheres Zeichen dafür, daß sie beim Zureiten »eingebrochen« wurden.

Eingebrochene Pferde verhalten sich Menschen gegenüber meist apathisch und desinteressiert.

Man kann die Teilnahmslosigkeit dieser Cowboypferde verstehen, wenn man das »Einbrechen« einmal erlebt hat. Das rohe und ungerittene Pferd wird dabei in einen stabilen engen Stand gedrängt, damit beim Auflegen des schweren Westernsattels kein Ausweichen möglich ist. Der ungewohnte Zwang beim Anziehen des Sattelgurtes und die angst- und schmerzbringende Eisenstange der Kandare im Maul erwecken bei dem sensiblen Pferd Furcht. Diese steigert sich zur Panik, wenn der Zureiter mit stechenden Sporen ausgerüstet über die Trennwand auf den Rücken des Pferdes klettert.

Nun wird das Gatter geöffnet, und das in Panik geratene Fluchttier stürmt explosionsartig in das Rund des Corrals. Es versucht dabei, mit allen ihm zur Verfügung stehenden Mitteln den Reiter abzuschütteln. Es steigt, buckelt, dreht sich im Kreis, wirft sich zu Boden, um in der nächsten Sekunde die Hinterbeine bis in die Senkrechte nach oben zu werfen. So entsetzlich dieses animalische Schauspiel für das Pferd auch ist, so groß ist allerdings auch das Können der Zureiter. Ein harter und gefährlicher Job. Nicht umsonst wird behauptet, daß sich ein Zureiter jeden Knochen im Leib schon mindestens einmal gebrochen hat.

Das entsetzliche Wehrverhalten wird von dem verängstigten Pferd so lange fortgesetzt, bis seine Kräfte nachlassen. Zitternd, schaumbedeckt, die nackte Todesangst in den Augen, bleibt es schließlich stehen. Es ist am Ende seiner Kraft angekommen. Es gibt auf und ergibt sich in sein Schicksal. Das Pferd ist gebrochen und zeigt kein Wehrverhalten mehr. Es hat gelernt, den Reiter nicht abschütteln zu können und wird ihn auf sich dulden – die schnellste, aber brutalste Vorgehensweise, ein Pferd einzureiten. Sie stellt eine im Wilden Westen früher übliche Methode dar, die teilweise auch heute noch praktiziert wird.

In der Regel lernen Pferde jedoch beim Einreiten und bei der Ausbildung, daß ein vom Reiter unerwünschtes Verhalten mit unangenehmen oder schmerzenden Hilfsmitteln wie Sporen, Kandare und Zügelenden bestraft wird. Sie lernen auch, daß sie bei Gehorsam davon verschont bleiben.

Dogy »betet« beim Anblick einer Belohnung alle Kunststückchen herunter.

*D*as Pferd ist leider das einzige Tier, das meist ohne Belohnung ausgebildet wird. Wenn man in »SeaWorld« erlebt, wie Robben, Delphine, Killerwale und selbst Raubvögel mit Belohnung spielerisch Dressurleistungen vollbringen, kann man nicht verstehen, warum bei der Ausbildung eines Pferdes das Prinzip der Belohnung nur selten angewandt wird. Wie viele Menschen habe ich mit meinem kleinen Freund Dogy, meinem häßlichen, aber allerliebsten Hund aus dem Tierheim, schon mit den vielen Kunststückchen erfreut, die er beim Anblick einer Belohnung »herunterbetet«.

Natürlich heißt Ausbildung oder Erziehung, das Erwünschte zu belohnen und das Unerwünschte zu bestrafen. Doch muß klar erkannt werden, daß eine freiwillige Leistung, in der Erwartung einer Belohnung, einer erzwungenen Leistung stets überlegen ist. So stelle ich immer wieder erstaunt fest, wie groß und wie schnell das Lernvermögen gerade der ängstlichen Pferde ist, wenn sie mit Belohnung ausgebildet oder korrigiert werden. Im Gegensatz zu Methoden in Europa, wo Leistungen wie Springen, Ziehen, Rennen oder die Dressur Zuchtziele für Pferde sind, wurde das Quarterhorse fast ausschließlich auf Charakter gezüchtet. Ein unzuverlässiges Pferd konnte in den oft wasserlosen Weiten des Wilden Westens das Todesurteil für einen Cowboy bedeuten.

Das vorrangige Zuchtziel bei den Cowboypferden war Charakterstärke und Zuverlässigkeit. Aus diesem Grund ist es, wie kein zweites Pferd auf der Welt bereit, oft starke Schmerzeinwirkung zu erdulden, bevor es das panikartige Wehrverhalten zeigt. Deshalb können gerade diese so geduldigen und liebenswürdigen Quarterhorses oft mit grausam scharfen Sporen und mit Kandaren zum Gehorsam gezwungen werden – mit Kandaren, die sogar mit Löffeln ausgestattet sind und dem Pferd den Gaumen brechen können.

Diese sechs Ranchpferde hatten leider schmerzhaft gelernt, daß sie bei Gehorsam die peinigenden Sporen und die brutale Kandare am wenigsten spüren mußten. Sie taten stumpf die von ihnen verlangte Pflicht. Eine Beziehung zwischen Mensch und Tier war nicht vorhanden.

Willig ließen sie sich den Sattel auflegen. Beim Anlegen des leichten gebißlosen Schnurhalfters wurden mir jedoch von dem alten Rancher zur Vorsicht mahnende Ratschläge erteilt.

Immer wieder werde ich verwundert gefragt, wie ein Pferd mit dem Schnurhalfter, das dem *Rai-Reiten* zugrunde liegt, am Durchgehen gehindert werden kann? Die Antwort steckt bereits in dieser Frage. Würden Pferde mit Eisenstangen im Maul niemals durchgehen, gäbe es keinen Anlaß für diese Frage.

Man muß das ruhige, fast faule Verhalten aller Pferde auf der Koppel vor dem geistigen Auge haben, um den Mut zu besitzen, Pferde nicht ständig festzuhalten oder gar schmerzhaft auf sie einzuwirken.

Das ruhige, fast faule Verhalten aller Pferde auf der Koppel zeigt, daß sie auch beim Reiten nicht ständig festgehalten werden müssen.

Wenn Pferde nach längerem Boxenaufenthalt ihren Bewegungstrieb abreagiert haben, rennen sie niemals auf der Weide panikartig bis zur Erschöpfung herum. Nur durch zwanghafte Einwirkung des Menschen kann ein Unwohlempfinden und die Angst, die sich bis zur Panik steigern kann, erzeugt werden, was dann Reaktionen wie Unruhe, Buckeln, Steigen und Durchgehen auslöst.

Bei meinen Beobachtungen von Wildpferden zogen diese immer ruhig grasend sechzehn Stunden und mehr friedlich ihres Weges. Nur bei Gefahr flüchteten sie im jagenden Galopp, der primären »Waffe« eines Fluchttieres.

Mit dieser Erfahrung und dem Wissen, daß Druck nur Gegendruck erzeugt, setzte ich mich gelassen in den Sattel des ersten Pferdes, die Zügel des Schnurhalfters mit nur zwei Fingern haltend. Ich war mir auch hier meiner Sache sicher. Sonst nur mit scharfen Sporen und Kandare geritten, schienen sie die schmerzfreie, fast indianische Art der Reiterei zu genießen. Losgelöst nahmen sie ab der ersten Minute in allen Gangarten die Schenkel- und Zügelhilfen so perfekt an, daß ein erstaunter Ausruf aus dem Munde des erfahrenen Ranchers kam. Ich erhielt mein vielleicht schönstes Lob in meiner langen Laufbahn als Pferdemann: *»Boy, you are born with a saddle!«*
(»Junge, Du bist mit dem Sattel auf die Welt gekommen!«)

Ich freute mich über diese ehrlich gemeinte Anerkennung, zu der die Bewohner des heute noch so menschenleeren Westens fähig sind. Sie akzeptieren, anerkennen und schätzen die Leistung des anderen. In unserem übervölkerten Deutschland dagegen wird einem Erfolg oft mit sehr viel Neid, Mißgunst und Mißtrauen begegnet.

Selbstverständlich muß die natürliche Art des *Rai-Reitens* erlernt werden. Es wäre leichtsinnig, sich einfach mit einem Schnurhalfter auf ein Pferd zu setzen, ohne sich zuvor die erforderlichen theoretischen und praktischen Kenntnisse angeeignet zu haben. Die Kenntnis der Psyche und Verhaltensweise eines Pferdes ist für den Reiter genau so wichtig wie das praktische Können.

Es ist leichtsinnig, sich nur mit einem Schnurhalfter auf ein Pferd zu setzen, ohne sich zuvor die erforderlichen theoretischen und praktischen Kenntnisse angeeignet zu haben.

Mit Steven wurde ich bald handelseinig. Ich kaufte alle Pferde und siedelte sie auf meine Ranch um. Unter dem Sattel waren sie absolut zuverlässig und problemlos. Sie gingen jedes geforderte Tempo, ob Schritt, Trab oder Galopp. Es waren lebende Maschinen. Beim Betreten der Koppel sah man keine Reaktion. Kein Ohrenspitzen deutete auf ein

Interesse an den Menschen hin, die sie eingebrochen hatten. Sie waren willenlose Lebewesen, fast als Roboter zu bezeichnen. Um sie aus dieser Lethargie herauszubringen und ihnen den, beim *Rai-Reiten* unentbehrlichen Belohnungs- und Beruhigungston beizubringen, »bewaffnete« ich mich mit einer gehörigen Anzahl von Karotten. In dieses urwüchsige Land meiner Ranch passen keine gebrochenen, sondern nur lebendige Pferde – in ein Land mit blühenden Kakteen, leuchtenden Büschen und einer Vielzahl von fröhlich herumspringenden Karnickeln, Wildschweinen und Hirschen.

Wie hatte einst Mohammed über die Schöpfung der schönsten und edelsten aller Tiere, die Pferde, geschrieben:

»Du sollst fliegen ohne Flügel und siegen ohne Schwert.«

Dieses alte Indianerland wollten wir auf lebendigen, glücklichen und wie wir fühlenden Lebewesen erleben.

Verständnislos blickten die Ranchpferde auf die Möhren und waren nicht bereit, auch nur einen einzigen Bissen davon zu nehmen. Als ich die gleiche Erfahrung bei Zucker, Äpfeln und sogar bei Brot machte, war ich zutiefst erschüttert. Diese armen Pferde hatten trotz der harten Knochenarbeit, die sie als Rinderpferde leisten mußten, niemals eine Belohnung erhalten. Der Dank des Menschen für eine geleistete Arbeit war ihnen unbekannt. Ihre Erfahrungen mit den Menschen beschränkten sich darauf, daß sie bei absolutem Gehorsam am wenigsten Schmerzen mit Sporen und Gebiß ertragen mußten. Zu Arbeitsgeräten degradiert war ihnen der Eigenwille und die Persönlichkeit verloren gegangen. Ich war grenzenlos traurig.

Pferde lernen schnell. Zunächst reagierten sie etwas träge auf das Anlegen der sporenlosen Absätze. Doch schon bald schätzten sie die schmerzfreie Art, geritten zu werden. Es war für sie eine neue Erfahrung mit dem Menschen. Und da diese positiv war, wurde sie sofort angenommen. Die Pferde reagierten sensibel auf die leichten Hilfen, sie wurden immer zutraulicher. Die stumpfen Augen bekamen wieder einen

Mit Steven wurde ich bald handelseinig. Ich kaufte ihm alle Pferde ab.

lebendigen Ausdruck, die Ohren spitzen sich aufmerksam. Beim Betreten der Koppel stellte ich fest, daß sie am Menschen wieder Interesse zeigten.

Und so durfte ich eines Tages ein wunderschönes Vertrauensgeschenk entgegennehmen. Ich bekam es von einem Pferd, das sich bis dahin so passiv verhalten hatte, der Nummer zwei in der Rangordnung der männlichen Pferde – dem großen, ruhigen und ausgeglichenen Rappen Geronimo.

Analyse

In der Kenntnis des Gefühlslebens der Pferde können wir anhand der erarbeiteten Verhaltensstruktur die verschiedenen Arten des Einreitens von Pferden analysieren:

1. Einreiten eines Pferdes auf der Basis der Belohnung
2. Einreiten eines Pferdes auf der Basis der Bestrafung
3. Einbrechen eines Pferdes

Einreiten ohne Schmerzeinwirkung.

Ausbilden heißt, das Erwünschte zu belohnen oder das Unerwünschte zu bestrafen. Beide Wege können zum Erfolg führen. Beginnen wir jedoch mit der besten, leider jedoch auch seltensten Methode:

Einreiten auf der Basis der Belohnung

Gerade das ängstliche Fluchttier Pferd entwickelt auf der Basis der Belohnung große Lernbereitschaft und ein enormes Lernvermögen.

Leistung in der Erwartung einer Belohnung wird immer einen Leistungswillen erzeugen, der jedem Zwang überlegen ist. Gerade das ängstliche Fluchttier Pferd entwickelt auf der Basis der Belohnung große Lernbereitschaft und ein enormes Lernvermögen.

Bei der Betrachtung der Verhaltensstruktur der Pferde befindet sich der Reiter dadurch immer im Freund- und niemals im Feindbild eines Pferdes. Das Pferd befindet sich im positiven Grundgefühl und zeigt deshalb Leistungsbereitschaft. So stelle ich immer wieder verblüfft fest, wie auch verdorbene Pferde in Minutenschnelle ihre Untugenden vergessen und in der Erwartung einer Belohnung bereit sind, dem Menschen freiwillig zu dienen.

Der bei der Ausbildung auf Belohnung zugrunde liegende Belohnungston ist tatsächlich der Schlüssel zum Pferd. Damit bin ich in der Lage, dem Pferd in allen Situationen

1. die Angst zu nehmen und
2. erwünschtes Verhalten zu bestätigen.

Natürlich muß dabei vor einer großen Untugend gewarnt werden. Mit allen Süßigkeiten dieser Welt kann man die Liebe eines Pferdes nicht erkaufen. So ist natürlich auch bei der Ausbildung auf der Basis der Belohnung von entscheidender Wichtigkeit, die Dominanz als Führer und Reiter über das Pferd zu bekommen. Das ist kein Widerspruch.

Dominanz heißt nicht, das Pferd mit Angst in die Unterwürfigkeit zu zwingen, sondern dem Herdentier Pferd mit klarer und gerechter Konsequenz eine Führungspersönlichkeit zu bieten, bei der es sich geborgen fühlt. Wie oft werden heute noch fälschlicherweise die Pferde für dumm erklärt. Dabei hat man es nicht mit fehlendem Lernvermögen zu tun, sondern mit einem Wehrverhalten, das lebenslänglich anhalten kann.

Ausbilden auf Belohnung heißt aber auch, dem Pferd unerwünschtes Verhalten deutlich zu machen.

Ausbilden auf Belohnung heißt selbstverständlich, dem Pferd auch unerwünschtes Verhalten zu zeigen. Meist genügt ein Zischlaut. Die Grenze zur schmerzenden Einwirkung darf aber nie überschritten werden.

Einreiten auf der Basis der Bestrafung

Bei der Ausbildung gibt es niemals ein falsches Verhalten des Tieres. Durch das Fehlen des logischen Denkvermögens wird jede Reaktion eines Pferdes von den angestammten und erlernten Verhaltensweisen bestimmt. So gibt es also kein falsches, sondern nur ein unerwünschtes Verhalten eines Pferdes.

Mit diesem Wissen ist leicht zu erkennen, daß bei der Ausbildung mit der Bestrafung einer unerwünschten Handlung das Vertrauen zwischen Tier und Mensch gestört sein muß. Es kann eine Strafe für eine aus seiner Sicht richtige Handlung nicht verstehen.

Wie wir aus der Verhaltensstruktur der Pferde jedoch klar erkennen, kann ein Pferd tatsächlich mit dem Versetzen in einen Angstzustand in Unterwürfigkeit gezwungen werden. Es lernt, dem unangenehmen Sporendruck, der schmerzenden Gerte, dem Druck der Trense oder Kandare im Maul und dem Zwang der Ausbindezügel nachzugeben.

Wird jedoch die Angst zur Panik, zeigen sich unkontrollierbare Reaktionen wie Steigen, Buckeln, Ausschlagen und Durchgehen. Die Grenze von Angst zu Panik ist je nach Sensibilität eines Pferdes verschieden und läßt sich nicht abschätzen. Da die Ausbildung auf der Basis der Bestrafung die am meisten angewandte Methode ist, gibt es leider so viele verdorbene Problempferde.

Ausbildung auf der Basis der Belohnung lobt das Gewünschte, bestraft jedoch auch das Unerwünschte – wenn auch ohne Schmerz.

Ausbildung auf der Basis der Bestrafung muß nicht grundsätzlich den Einsatz von Schmerz bedeuten. Der entscheidende Unterschied zu der Ausbildung mit Belohnung ist jedoch, daß nicht das Gewünschte belohnt, sondern das Unerwünschte, wenn auch ohne Schmerz, bestraft wird. Eines muß aber klar erkannt werden:

Wenn durch Zwang ein Gehorsam oder eine gewisse Unterwürfigkeit der Pferde erreicht werden kann, befindet sich das Lebewesen Pferd immer im negativen Grundgefühl. Es wird entweder keine Leistungsbereitschaft oder ein panikartiges Verhalten zeigen. Ein ständiges negatives Grundgefühl löst Untugenden oder Krankheiten aus.

Das Einbrechen der Pferde

Verzweiflung löst die Aufgabe des Wehrverhaltens und danach die Todeserwartung beim Pferd aus.

Pferde auf diese Art einzureiten, ist nach den Gesetzen der Humanität menschenunwürdig. Um die volle Tragweite im Gefühlsleben der Pferde zu erkennen, müssen wir einmal die Situation in der Natur nachvollziehen, wenn beim Pferd das Gefühl *Verzweiflung* die Aufgabe des Wehrverhaltens und danach Todeserwartung auslöst:

Ein Puma, in der Natur der Hauptfeind der Pferde, springt einem Pferd vom Baum aus auf den Rücken und versucht, ihm das Genick zu durchbeißen. Das Wehrverhalten des Pferdes – Steigen, Buckeln, Durchgehen – ist uns hinreichend bekannt. Bei diesem Kampf um Leben und Tod benötigt das Pferd, als letzte Chance zum Überleben, alle Kräfte des Körpers. Das Gefühl der Panik löst nun einen Adrenalinstoß aus, der alle Reserven an Energie aktiviert. Sind diese jedoch restlos verbraucht, gibt das Pferd auf und bietet dem Todfeind die Kehle zum tödlichen Biß. Es hofft auf eine schnelle Erlösung.

Das sind die psychischen und physischen Vorgänge beim Einbrechen eines Pferdes, die jedem Tierfreund unwürdig sind. Der jahrtausende alte Helfer des Menschen hat diese Behandlung auf keinen Fall verdient.

Zusammenfassend ist zu sagen:

Nicht alle Pferde können auf der Basis der Bestrafung in die Unterwürfigkeit gezwungen werden. Pferde, die sich nicht brechen lassen, sind die Besten.

Beim natürlichen *Rai-Reiten* können durch die Ausbildung mit Belohnung alle Pferde geritten werden. Die Grundlage dafür ist die Kenntnis der Verhaltensweise (wie ein Pferd reagiert) und der Psyche (warum ein Pferd reagiert). Ich bin in der Lage, jedes Pferd, ob es steigt, buckelt, durchgeht oder noch nie geritten wurde, in weniger als einer Stunde mit meinem Schnurhalfter, ohne ein Wehrverhalten des Tieres, zu reiten.

Das durch Panik ausgelöste Steigen und Buckeln sind die Waffen des Pferdes, um den Todfeind abzuschütteln.

Geronimo Ohren-Zeichen bei Freude

Geronimo – ein berühmter Name, der letzte große Krieger der Apachen, der gerade hier in dieser Gegend einen verzweifelten Kampf gegen die Übermacht des weißen Mannes führte. Mit nur 50 Getreuen trotzte er sieben Jahre lang 2 500 Soldaten der »*cavalry*« und fügte ihr hohe Verluste zu, bis er endlich kapitulieren mußte.

Geronimo – der Name paßt auf dieses starke, große Quarterhorse, das absolut zuverlässig und sicher seinen Reiter durch unwegsames Gelände trägt. Das »mutigste« meiner Pferde. Kein auffliegender Vogel, kein staubaufwirbelndes Auto kann ihn aus der Ruhe bringen. Wie ein Fels in der Brandung geht er seinen angewiesenen Weg. Geronimo ist, wie auch sein legendärer Namenskollege, ohne Angst. Doch laßt mich seine Geschichte erzählen.

Apache und Geronimo.

Es ergab sich, daß zwei Wochen auf meiner Ranch keine Gäste angesagt waren. Um mich wirklich vom Streß und den körperlichen Anstrengungen beim Bau der Gästehäuser zu erholen, faßte ich den Plan, zwei Wochen inmitten meiner 20köpfigen Pferdeherde zu leben. Schon lange war es mein Traum gewesen, in eine Pferdeherde integriert zu sein, einen bestimmten Rangordnungsplatz einzunehmen und das Verhalten der Tiere Tag und Nacht zu beobachten. Zusätzlich hatte ich mir die Aufgabe gestellt, auch bei Pferden ein äußeres Zeichen von Freude und Wohlbefinden zu entdecken. Mit dem Schlafsack unter dem Arm suchte ich mir einen bequemen Platz auf der großräumigen Koppel, stets umringt von Apache, der sich die Streicheleinheiten und Leckereien mit der aufdringlichen Blue teilte.

Ich beobachtete die Pferde untereinander beim Fellkraulen, wenn sie vertraut beieinander standen oder wenn sie spielten. Ein äußeres Zeichen von Freude war zunächst nicht zu erkennen. Doch schon bald sollte ich die Kenntnis darüber erhalten, verbunden mit einem Geschenk von Geronimo, das für keinen Preis der Welt erworben werden kann.

Wir kennen alle das intensive Schwanzwedeln der Hunde, mit dem sie ihre Freude deutlich ausdrücken können. Ich fragte mich, ob es den Pferden tatsächlich nicht möglich sein sollte, diese Gefühlsregung zu zeigen? Pferde sind doch auch in der Lage, mit angelegten Ohren und zornigen Blicken ihre Wut auszudrücken, vergleichbar mit den gesträubten Nackenhaaren bei Hunden. Sind Pferde auch beim Ausdruck der Freude von der Natur stiefmütterlich behandelt worden, wie etwa beim Fehlen des Schmerzlautes? Daß sie Schmerzen stumm erleiden müssen, ist eine Tatsache, die in Reiterkreisen kaum bekannt ist und erstmals in meinem Buch »Ohne Peitsche – ohne Sporen« publiziert wurde.

Natürlich können Pferde wiehern. Dies ist ein Laut im Herdenverhalten, wie das Bellen der Hunde. Diese können bei Schmerzeinwirkung herzerweichend jaulen. Das Pferd muß Schmerzen jedoch stumm erleiden. Ein Schmerzlaut wurde ihm von der Schöpfung nicht mitgegeben. Natürlich ist der fehlende Schmerzlaut der Pferde in der Natur eine Hilfe zum Überleben. Jedes Verhalten unterliegt dem eisernen Überlebensgesetz der Schöpfung. Das verletzte Pferd würde sonst mit einem Schmerzschrei dem Raubwild signalisieren, wo eine leichte und wehrlose Beute zu finden ist.

*W*as jedoch beim Leben in der Freiheit eine Überlebenschance darstellt, ist beim Einsatz des Pferdes als Sportkamerad die Voraussetzung dafür, daß die Grenze von Leistung (wobei ich mich zu einer fairen Leuistung klar bekenne) zur Qual fließend wird. Es bedarf einer großen Sensibilisierung und Verantwortung eines Reiters, mit einem Pferd Sport oder gar Hochleistungssport zu betreiben; mit einem Tier, das seinen Schmerz akustisch nicht kund tun kann. Daß Pferde jedoch den Schmerz genau wie wir Menschen spüren, ist bei jedem Mückenstich unschwer zu sehen. So sollte beim Sport das Wort Fairneß, das so häufig damit in Verbindung gebracht wird, auch dem Kameraden Pferd zugestanden werden. Es ist unfair, seinen sportlichen Ehrgeiz auf Kosten eines Tieres zu befriedigen. Doch die meisten wissen nicht was sie tun, wenn sie die Peitsche oft unnötig und unqualifiziert bei ihren Sportkameraden einsetzen.

Ich habe es mir zur Lebensaufgabe gemacht, den fehlenden Schmerzlaut der Pferde allen Reitern und Tierfreunden bekannt zu machen.

Ich habe es mir zur Lebensaufgabe gemacht und werde nicht eher ruhen, bis dieser fehlende Schmerzlaut allen Reitern und Tierfreunden bekannt ist. Nur so wird es den immer häufiger auftretenden Pferdeschändern erschwert, ihre furchtbaren Taten zu begehen. Auf Kop-

peln, in nächster Nähe von Wohnhäusern oder selbst innerhalb eines Hofes, werden diese friedlichen Tiere verletzt oder sogar abgeschlachtet.

Ehe ich mich versah, lag Geronimo neben mir.

*L*ange lebte ich nun schon bei meinen Pferden auf der Koppel. Ich hatte rührende Liebes- und Eifersuchtsszenen von Cayenne und Stoney erleben dürfen, kannte die Souveränität von A.J., mit der er seinen ranghöchsten Platz behauptete und war gerade dabei zu beobachten, wie Arizona Boy mit Snowflake um den vorletzten Platz in der Rangordnung der Herde rangelte.

Die Nacht war Ende Februar noch kühl, und ich hatte mich in den warmen Schlafsack verzogen. Die Pferde waren nicht richtig zur Ruhe gekommen. Zum Aufwärmen rannten sie zwischendurch immer wieder umher. Ich wußte, sie warteten auf das Aufgehen der Sonne, um sich dann gemütlich im angewärmten Sand ausgestreckt das Fell bescheinen zu lassen.

Seit Tagen bemerkte ich schon ein steigendes Interesse der sechs so zurückhaltenden Ranchpferde an meiner Person. Immer öfters äugten sie aufmerksam zu mir und fraßen gerne Pferdekorn aus meiner Hand. Gerade Geronimo, anfangs der Gleichgültigste, schob sich häufig in meine Nähe.

So auch heute. Ich lag ausgestreckt am Boden. Das Schauspiel des Sonnenaufgangs hatte mich wieder einmal verzaubert. Langsam wurde das Schwarz der Nacht im Osten von einem immer stärker werdenden Grau verdrängt, das schon bald in das erste tiefe Rot überging. Man spürte die Umdrehung der Erde in dem immer heller und leuchtender werdenden Spektrum der Farben dieses täglichen Naturereignisses, das den östlichen Himmel und alles, was sich dagegen abhob, in ein loderndes Flammenmeer verwandelte.

Geronimo hatte gerade getrunken und äugte zu mir herüber. Er verharrte einige Sekunden und kam dann ganz gemütlich auf mich zu. Bei mir angelangt, genügte das Anlegen seiner Ohren und ein mißbilligendes Schütteln seines Kopfes, um meine beiden Lieblinge Apache und Blue, die in der Rangordnung unter ihm stehen, zu verjagen. Er stand vorsichtig über mir. Seine prüfenden großen Nüstern schnüffelten meinen Kopf ab. Ich verhielt mich völlig ruhig. Seine Tasthaare kitzelten mich an der Nase. Ich blickte in seine neugierig auf mir ruhenden Augen. Ohne ihn zu berühren, sprach ich leise mit beruhigendem Tonfall auf ihn ein. Er ging um mich herum, schnüffelte mich weiter ab und knickte plötzlich mit den Vorderbeinen ein. Bis ich mich versah, lag Geronimo neben mir. Eine Gänsehaut überzog mich.

Pferde sind nur dann bereit sich hinzulegen, wenn sie sich absolut sicher fühlen.

Sie wurde durch ein herrliches Glücksgefühl ausgelöst, das meinen Körper durchflutete. Ich weiß, Pferde sind nur dann bereit sich hinzulegen, wenn sie sich absolut sicher fühlen.

Als Fluchttiere müssen Pferde bei einer drohenden Gefahr immer in der Lage sein, das Weite zu suchen. Dies ist der Grund, warum sie auch im Stehen schlafen können. Obwohl er mit dem Menschen bis vor wenigen Monaten nur schmerzhafte Erfahrungen gemacht hatte, brachte Geronimo mir dieses Vertrauen entgegen. Oft habe ich erlebt, daß meine Pferde bei der Annäherung eines Menschen, dank ihrer guten Erfahrung mit ihnen, gemütlich liegen bleiben. Dies war jedoch das erste Mal, daß sich ein Pferd aus eigenem Antrieb zu mir legte. Ein Zeichen von absolutem Vertrauen und Anhänglichkeit. A.J. war der nächste, und nach und nach lagen sie fast alle im lockeren Kreis um mich herum. Ein Glücksgefühl durchflutete mich. Ich wußte, nun gehörte ich zu ihnen. Meine Pferde hatten mich in ihre Herde aufgenommen – ein Geschenk, das bisher nur wenige Menschen erhielten.

Ich war glücklich. Sachte streichelte ich den Hals von Geronimo. Die Ohren, bis dahin aufmerksam gestellt, gingen plötzlich nach hinten. Zuerst glaubte ich ein Zeichen von Abwehr darin zu sehen, bis ich in seine Augen schaute. Die Lider halb geschlossen, blickte er sichtlich zufrieden und glücklich. Und da bemerkte ich, die Ohren waren nicht aggressiv an den Kopf angedrückt, sondern nur zurückgenommen, die Muscheln schräg nach hinten gestellt. War dies das Zeichen von Wohlbefinden und Freude, nach dem ich so lange gesucht hatte?

Ich nahm meinen Arm zurück. Sofort verfolgte Geronimo mit gespitzten Ohren und aufmerksamen Augen meine Bewegungen. Leise mit ihm sprechend, wiederholte ich meine Zärtlichkeit. Und tatsächlich, es zeigte sich die gleiche Reaktion. Die Augen wurden kleiner, die Ohren legten sich in der Verlängerung der Stirn nach hinten, und die Öffnung zeigte wiederum schräg nach hinten. Mit einem tiefen Ausatmen legte er sich plötzlich auf die Seite und streckte seine Beine weit von sich, um sich von der herrlichen morgendlichen Arizona-Sonne bescheinen zu lassen – einer Sonne, die hier täglich Tiere und Menschen erfreut, denn in den letzten zwölf Jahren war sie nur an 15 Tagen nicht zu sehen. Man sagt nicht umsonst, das Wetter in Tombstone ist das beste in ganz Amerika.

Die Ohren zurückgenommen, die Ohrmuscheln schräg nach hinten gestellt – war dies das Zeichen von Freude, nach dem ich so lange gesucht hatte?

Ich tat es Geronimo gleich. Vorher leicht aufgerichtet legte ich mich nun ebenfalls langgestreckt neben meinen neu gewonnenen Freund und streichelte sanft seinen Hals. Fünfzehn lange Minuten durfte ich dieses Glücksgefühl erleben, die Körperwärme des Pferdes neben mir spüren und das Geschenk seines Vertrauens genießen, das ich dank meiner Zuneigung zu diesen feinfühligen Tieren und dank der klarlinigen, aber guten Behandlung erhalten hatte.
Ein aufmunterndes Schnauben von Bucky, der besseren Hälfte von Geronimo, ließ ihn aufstehen. Obwohl er dabei die Beine sehr nahe bei meinem Körper aufsetzte, wußte ich, daß er mich auf keinen Fall treten würde. Sie trollten sich langsam. Dies war das Zeichen für Blue und Apache, ihren angestammten Platz an meiner Seite wieder einzunehmen.

Ich erhob mich. Nun wollte ich es wissen. Hatte ich wirklich das Zeichen für Wohlbefinden oder Freude entdeckt? In der großen Scheune stopfte ich meine Taschen voll mit Pferdekorn, das mittlerweile von allen Pferden mit Begeisterung als Belohnung angenommen wurde. Meine beiden Vertrauten Blue und Apache erwarteten mich wie immer am Koppeleingang. Ihre gespitzten Ohren waren aufmerksam auf mich gerichtet. Funktionierte es auch bei diesen Pferden? Ich stellte mich seitlich zu Apache, hielt ihm eine Handvoll Pferdekorn vor das Maul und kraulte ihn, wie er es so gerne hat, unter dem Kinn. Schwups, genüßlich dabei kauend, schwappten die Ohren nach hinten, genau in die Verlängerung der Stirn, die Ohrmuscheln schräg nach hinten gerichtet. Ein zufriedener Blick zeigte auch hier das Wohlbefinden und die Freude des Pferdes an. Das gleiche Ergebnis hatte ich bei all meinen anderen Pferden.

Natürlich änderte sich das Ohrenspiel, wenn ranghöhere oder rangniedere Pferde in die Nähe kamen oder eine Bewegung sie erschreckte. Nicht abgelenkt, zeigten sie alle das gleiche Verhalten, besonders Blue. Wenn ich die Koppel betrete, stürmt sie jedesmal mit nach hinten gerichteten Ohren auf mich zu. Lange Zeit mißdeutete ich dieses offensichtliche Zeichen ihrer Liebe. Erst Geronimo lehrte es mich, und kein Pferd in meiner Herde kann sich so freuen, wie Blue – dank Geronimo weiß ich es heute.

Analyse

Feindverhalten – Freundverhalten

Das desinteressierte und apathische Verhalten der sechs Ranchpferde zeigt eindeutig, daß sich der Mensch durch das Einbrechen dieser Tiere im Feindbild befand. Sie zeigten kein Wehrverhalten, weil der Zustand der Aufgabe und Todeserwartung beim Einbrechen erreicht war und sie den Menschen damit in Verbindung brachten.

Durch die Übermittlung des Belohnungstones kann der Mensch in das Verhaltensmuster des Freundbildes zurückgeführt werden.

Durch die Übermittlung des Belohnungstones konnte erfreulicherweise der Mensch in das Verhaltensmuster des Freundbildes zurückgeführt werden. Durch die von mir entwickelten Dominanzübungen am Boden und im Sattel überließen sie mir, als Ranghöchstem, das Sicherheitsdenken und lernten das Gefühl der Geborgenheit kennen. Dies war unschwer aus den Reaktionen der Pferde ersichtlich.

Ohrenstellung bei Freude

Das Pferdeohr kann durch bestimmte Stellungen Gefühle anzeigen.

Die Ohren der Pferde haben von Natur aus verschiedene Aufgaben. Zunächst einmal sind sie das Sinnesorgan zur Aufnahme von Geräuschen. Das Pferd ist in der Lage, durch Ausrichten der Ohrmuscheln nach vorne und hinten plastisch zu hören. Das ist somit eine wichtige Hilfe bei der Ortung und Definition eines Gegenstandes. Darüber hinaus können durch bestimmte Ohrenstellungen Gefühle angezeigt werden.

Wir kennen alle die kraftlose, fast seitlich abstehende Ohrenstellung bei Schmerz und kennen die gefährlich an den Hals angelegten Ohren als Drohgebärde. Ein Zeichen der Freude oder des Wohlbefindens war bisher nicht bekannt. Nach meinen langjährigen Studien der Pferde kann ich nun in vielen Situationen Wohlempfinden und Freude an der Ohrenstellung erkennen.

So zeigen die Ohren beim Fellkraulen, Dösen in der Sonne, beim vertrauten Zusammenstehen und beim Austausch von Zärtlichkeiten in der Verlängerung des Kopfes nach hinten, ähnlich wie beim Lauschen. Die Ohrmuscheln sind dabei ebenfalls schräg nach hinten gerichtet.

Dies ist eine Entdeckung, die hilft, Gefühle der Pferde zu erkennen und zu interpretieren. Diese Ohrenstellung wird nur bei positivem Grundgefühl dem Reiter gegenüber gezeigt, der die Freundschaft und das Vertrauen seines Pferdes erringen konnte.

Mit Dany Boy hatte ich mein schrecklichstes Erlebnis in mehr als 45 Jahren, in denen ich nun mit Pferden zusammenlebe. Es macht deutlich, wie stark der Herdentrieb des Pferdes ausgebildet ist, und beweist, daß Triebverhalten nicht geändert werden kann, sondern ausgelebt werden muß, sonst … Doch lassen Sie mich diese Geschichte erzählen.

Ich lernte Dany Boy im Alter von vier Jahren kennen. Er ist ein schön gezeichneter Appaloosa-Wallach – ein Nachfahre der einzigen Pferde, die jemals von den Ureinwohnern Amerikas, den Nez-Perze-Indianern, gezüchtet wurde. Diese lebten am Fluß Palous, welcher der Pferderasse den Namen gab.

Dany Boy war der Lebensgefährte von Ethel, einer liebenswürdigen alten Dame, die mit ihm auf einer kleinen Farm in unmittelbarer Nachbarschaft meiner Ranch lebte. Neben einem kleinen, in Amerika seltenen Dackel war dieser hübsche Wallach das einzige Lebewesen, das in rührender Liebe von der 76 Jahre alten, aber noch sehr rüstigen Lady verwöhnt wurde. Ethel stammte von einer Ranch. Ihr ganzes Leben hatte sie mit Pferden verbracht. So war es für sie selbstverständlich, auch ihr Rentnerdasein mit einer kleinen Pferdezucht zu beleben.

Auch die beste Verpflegung kann dem Herdentier Pferd nicht die fehlenden Kameraden ersetzen.

Leider starb Dany Boys Mutter zwei Monate nach dessen Geburt. Tag und Nacht versorgte die rüstige Lady rührend das kleine Fohlen und zog es, dank ihrer langen Erfahrung, zu einem prächtigen Pferd heran. Ethel ließ es ihrem Dany Boy an nichts fehlen. Er hatte eine große Koppel und einen offenen Stall. Gutes Futter und ständig freier Auslauf konnten diesem Herdentier dennoch nicht die fehlenden Kameraden ersetzen. Er war einsam. Ich spürte es, wenn ich ihn besuchte.

Beim Betreten der Koppel wollte er sich sofort einem anderen Lebewesen anschließen. Er folgte mir begeistert auf Schritt und Tritt. Es war rührend, wie er versuchte, mich mit typischen Gebärden in seine nicht vorhandene Herde einzuordnen, ist doch das triebbedingte Verhalten angeboren und muß nicht gelernt werden. Er war glücklich, in mir einen Spielkameraden gefunden zu haben, der mit den Gebärden der Pferde vertraut ist. Ich wurde jedesmal mit einem freudigen Wiehern begrüßt und mit sehnsuchtsvollem Rufen verabschiedet.

Zwei Jahre später – Ethel war mittlerweile 78 Jahre alt geworden – war diese rüstige Dame nun doch langsam mit der Pflege und der Versorgung von Dany Boy überfordert. Die Entscheidung, sich von ihm zu trennen, war eine der schwersten ihres Lebens. Bei Kaffee und selbstgebackenem Kuchen benötigte sie mehrere Ansätze, bis sie mir endlich ihr Herz ausschüttete.

In der Gewißheit, daß ihr »Sohn«, wie sie ihn so gerne bezeichnete, bei mir nur schmerzfrei geritten würde, bot sie ihn mir schweren Herzens zum Kauf an. Das war für mich selbstverständlich. Wir wurden schnell handelseinig. Sie wollte jedoch nicht dabei sein, wenn ich Dany Boy mit dem Pferdehänger abholte. Sicher wäre ihr dabei das Herz gebrochen.

*E*s war der aufregendste Tag im Leben von Dany Boy. Zum ersten Mal sah er andere Pferde. Mit lautem Wiehern, hoch erhobenem Kopf und aufgestelltem Schweif rannte er völlig unbedarft auf seine Artgenossen zu.

In der Geborgenheit einer Herde zu leben, ist ein angeborener Trieb, die einzelnen Spielregeln der Rangordnung sind jedoch ein erlerntes Verhalten der Pferde. Ich konnte es ihm nicht ersparen: Völlig verstört konnte Dany Boy nicht verstehen, daß seine Freude, endlich Artgenossen gefunden zu haben, von diesen nicht geteilt wurde. Mit Drohgebärden und einigen Bissen wurde ihm sehr schnell klar gemacht, daß auch seine »Karriere« in der Herde ganz unten zu beginnen hätte.

In der Geborgenheit einer Herde zu leben, ist ein angeborener Trieb, die Spielregeln der Rangordnung jedoch sind erlerntes Verhalten der Pferde.

Doch er lernte schnell. Nach dem Lehrgeld, das er zwangsläufig bezahlen mußte, wenn er Ranghöheren gar zu unbedarft beim Fressen zu nahe kam und die Drohgebärden nicht richtig deutete, fühlte er sich in der Herde richtig wohl. Bald hatte er Freundschaft mit einer ebenfalls neu in die Herde gekommenen Stute geschlossen, und sein Glück war vollkommen.

*I*ch ritt ihn zu. Es gab kein Wehren gegen Sattel und Reiter, und schon am dritten Tag ging es in Begleitung seiner Kameraden durch das wildromantische Indianerland, in das er als Appaloosa so gut paßt.

Wenn ich auch schon hunderte Pferde zugeritten oder korrigiert habe, so bin ich immer wieder überrascht und begeistert, wie schnell die friedliebenden Fluchttiere bereit sind, dem Menschen zu dienen.

Dany Boy vergaß unsere länger dauernde Freundschaft nicht. Er ist sehr anhänglich und versucht immer, in meine Nähe zu kommen, wenn ich die Koppel betrete. Er weiß, daß ich immer Karotten bei mir habe, mit denen er auch von Ethel so reichlich verwöhnt worden war. Jeder kann ihn reiten, und Zärtlichkeiten nimmt er gerne entgegen. Er ist ein ausgesprochen braves Pferd.

*E*thel hatte es noch nicht über das Herz gebracht, Dany Boy zu besuchen. Zu tief bohrte der Schmerz der Trennung in ihrer Brust. Fast täglich rief sie an und erkundigte sich nach dem Wohlergehen ihres Lieblings. Erst zwei Monate später war es so weit. Ich war gerade mal wieder auf der Koppel, um das Verhalten der Pferde zu studieren.
Mit einem Korb voller Karotten kam sie den Hang in der Pferdekoppel herunter. Dany Boy stand in meiner Nähe. Ich ging auf ihn zu, tätschelte ihn am Hals und sagte: »*Schau mal, wer da kommt!*«

Ethel war noch zwanzig Meter von Dany Boy entfernt. Mit glücklichem Gesichtsausdruck nahm sie eine Möhre aus dem Korb. Sie streckte ihre Hand lockend aus und rief ihn mit ihrer gütigen Stimme: »*Dany Boy – come on – my Dany Boy!*« Immer hatte sie es so getan, wenn sie zu ihm ging.

*D*ie Reaktion war schrecklich. Ein Erschauern überzieht noch heute meinen Körper, wenn ich an das denke, was dann geschah. Dany Boy erstarrte. Er warf seinen Kopf hoch und verharrte einige Sekunden völlig steif. Man sah, wie es in seinem Kopf arbeitete. Plötzlich stürmte er vor, stieg vor der zu Tode erschrockenen Frau hoch in die Luft und schlug Ethel mit der Vorderhand nieder. Sie wurde rücklings zu Boden geschleudert, wobei die Vorderhufe nur knapp den Kopf verfehlten. Er sprang über die am Boden liegende Frau hinweg, trat mächtig nach ihr aus und fußte noch einmal mit den beiden hinteren Beinen neben Kopf und Schulter auf. Ethel wurde glücklicherweise nicht voll getroffen, denn das wäre mit Sicherheit das Todesurteil für diese alte und zarte Frau gewesen.

Die Haare standen mir zu Berge. Dany Boy drehte sich gerade um und machte Anstalten, sich erneut auf Ethel zu stürzen. Ich rannte auf sie zu, um weiteres Unheil zu verhüten, stellte mich schützend vor sie und trieb Dany Boy mit wilden Drohgebärden davon. Zu Tode erschrocken bückte ich mich zu Ethel nieder und half ihr mühsam auf die Beine. Sie blutete am Hals und am linken Ohr. An der Schulter zeichneten sich ebenfalls Schürfwunden ab. Ethel war dem Tod noch nie so nahe gewesen.

Ethel brachte keinen Ton über die Lippen, sie starrte nur mit ungläubigen Augen auf ihren Dany Boy, der sich desinteressiert zu seinen neuen Kameraden gesellt hatte. Dicke Tränen flossen über die alten Wangen. Kein Ton kam über ihre zusammengebissenen Lippen. Eine Welt brach für die so gütige und von mir so verehrte alte Dame zusammen. Mir war ebenfalls zum Heulen zumute. Ich glaube nicht, daß Ethel in diesem Moment körperliche Schmerzen spürte. Ihr Herz war gebrochen. Sechs Jahre tägliches Füttern, sechs Jahre Vertrautheit und Fürsorge konnten das angeborene Verhalten eines Pferdes nicht ändern. Der Herdentrieb war stärker.

Lange dachte ich über dieses Verhalten nach und versuchte es zu analysieren. Wir machten Versuche mit anderen Frauen und stellten die gleiche Situation nach. Bis heute konnten wir keine ähnlich negative Reaktion bei Dany Boy feststellen, obwohl wir etliche Male gleiche Voraussetzungen geschaffen hatten. Dany Boy ist absolut ungefährlich und menschenfreundlich. Man kann seine Hinterbeine umarmen und zwischen den Beinen hindurchkriechen. Kein angelegtes Ohr zeigt eine Drohung. Er ist lammfromm.

Der Herdentrieb der Pferde ist stärker als die Bindung zum Menschen.

Es gibt nur eine Erklärung: Dany Boy brachte das plötzliche Auftauchen von Ethel mit seiner früheren Einsamkeit in Verbindung. Nachdem er nun in die Herde eingegliedert war und Freundschaften geschlossen hatte, befürchtete er, wieder in das Eremiten-Dasein auf Ethels Farm zurück zu müssen. Der Herdentrieb der Pferde ist stärker als die Bindung zum Menschen. Der Instinkt des Pferdes fordert diese Reaktion selbst gegen einen Menschen, der ihn jahrelang liebevoll versorgt hatte.

Bei oberflächlicher Betrachtung können wir Reaktionen von Pferden oft nicht verstehen. Doch Tiere können nicht falsch sein, sie können nur so reagieren, wie sie veranlagt sind. Wir dürfen bei ihnen keine menschlichen Maßstäbe anlegen. Wir müssen uns auf die Tiere einstellen.

Sechs Wochen dauerte es, bis die blauen Flecken und Verletzungen von Ethel wieder verheilt waren, weitere vier Wochen, bis der seelischen Schmerz überwunden war.

Ethel besucht nun regelmäßig ihren Dany Boy. Mit sichtlicher Freude nimmt er wieder seine geliebten Karotten von ihr entgegen. Eine negative Reaktion ist seither nicht mehr festzustellen. Er hat schnell gelernt, daß das Auftauchen von Ethel nichts an seinem jetzigen Zustand ändert und er durch sie nicht wieder die Geborgenheit seiner Herde verliert.

Er ist absolut ungefährlich, man kann seine Hinterbeine umarmen.

Analyse

Auch dieses seltene Verhalten eines Pferdes ist bei der Kenntnis der Verhaltensweise und Psyche und des ausgeprägten Gefühlslebens der Pferde voraussehbar.

Das Triebverhalten kann nicht geändert werden. Der Herdentrieb war bei diesem Pferd nicht befriedigt. Es fehlte ihm die Sicherheit und Geborgenheit der Herde. Dany Boy lebte in der Einsamkeit in ständiger Angst. Diese löste ein Unwohlempfinden und ein negatives Grundgefühl aus. Die Geborgenheit einer Herde nicht kennend, brachte Dany Boy dieses Unwohlempfinden zunächst nicht mit Ethel auf deren Farm in Verbindung. Dort hatte er sich ihr gegenüber ja stets gutmütig verhalten.

Dany Boy vergaß unsere alte Freundschaft nicht und war sehr anhänglich.

Nachdem er jedoch das Gefühl der Geborgenheit in einer Herde erlebt hatte und seinen Herdentrieb mit dem wichtigen Sozialverhalten befriedigen konnte, brachte er das plötzliche Erscheinen von Ethel mit dem ehemaligen Zustand der Einsamkeit und der damit verbundenen Angst in Verbindung. Pferde besitzen ein großartiges Gedächtnis. Das Näherkommen der Frau, die für ihn das Gefühl der Angst verkörperte, steigerte nun diese Angst zur Panik.

Das Freundbild wurde zum Feindbild.

Wie nun wieder aus der Verhaltensstruktur der Pferde klar ersichtlich ist, löst das Panikgefühl Wehrverhalten aus, das sich bis zum Tötungswillen steigern kann. Da die Herde zum Überleben eines Wildpferdes unabdingbar ist, ist der Herdentrieb für das Pferd von besonderer Bedeutung und dementsprechend stark ausgeprägt. Ethel war also tatsächlich in Lebensgefahr. Bei vorheriger Kenntnis dieser Umstände hätte diese Situation durch Vorsorge vermieden werden können.

Zum Glück ging es hier noch einmal gut.

Ethel besucht nun wieder regelmäßig ihren »Dany«.

STONEY UND CAYENNE LIEBE

Stoney und Cayenne ersteigerte ich am selben Tag. An jedem zweiten Samstag im Monat findet bei meinem Freund Mike Robertson in Benson eine Pferdeauktion statt. Das wilde Durcheinander und aufregende Treiben einer Versteigerung ist stets eine interessante Angelegenheit: Autos, Anhänger, Zuschauer, Käufer und Verkäufer – und natürlich Pferde. Alles rennt durcheinander, bis dann endlich Mike in der kleinen Verkaufsarena am Mikrofon Platz genommen hat. Eigentlich hatte ich gar nicht vor, heute ein Pferd zu ersteigern. Die Atmosphäre ist es, die mich des Öfteren zu diesem Spektakel treibt. Allein der unnachahmliche monotone Wortschwall, der Wasserfall von unverständlichen Worten, der wie eine Litanei vom Auktionator herunter gebetet wird, ist den Besuch dieser Veranstaltung wert. Über 50 Pferde wurden zur Versteigerung angeboten. Sie konnten in den Freiluftboxen vorher besichtigt werden. Alles, was der amerikanische Pferdemarkt anbietet, war vorhanden: Quarterhorses, Appaloosas, Kleinpferde und Pintos.

Eine wunderschöne Schimmelstute, der man die Vollblutabstammung ansah, stach aus dem Angebot heraus. Das weiße Fell hob sich leuchtend von der langen schwarzen Mähne ab. Obwohl für amerikanische Verhältnisse groß, hatte sie doch schöne, schlanke Fesseln. Der feine elegante Kopf zeigte mir die Klasse dieses Rassepferdes an. *Die würde in meine Herde passen*, dachte ich für mich. Natürlich war mir klar, daß der Kaufpreis bei diesem edlen Pferd sicher den Rahmen sprengen würde, den ich mir grundsätzlich als Limit beim Pferdekauf gesetzt habe.

Stoney und Cayenne – Liebe!

Es ging los. Das erste Pferd, ein mit einer muskulösen Hinterhand ausgestattetes Quarterhorse, als Reining Horse ausgebildet, wurde verwegen vorgeführt. Kaum zu glauben, was dieses Pferd in der zehn Meter kleinen Arena alles zeigte. Das Sägemehl stob in alle Richtungen davon, und man tat besser daran, sich einige Plätze weiter nach hinten zu setzen. Mir tat dieses Pferd leid, denn Lektionen dieser Art kann man nur mit schmerzbringenden Sporen und Kandare aus den Pferden herausreiten. Und davon machte der Reiter regen Gebrauch. Die Angebote überschlugen sich. Die flinken Augen von Mike sausten von einer Ecke in die andere, begleitet von einem zungenbrechenden Singsang. Keine fünf Minuten dauerte es, und schon knallte der Hammer von Mike auf den Tisch. Das erste Tier hatte einen neuen Herrn gefunden.

Die Türe öffnete sich für das nächste Pferd. Geritten wurde dieses von einem zierlichen, etwa zwölf Jahre alten Mädchen. Ein Feuerwerk begann. Was dieses Kind aus dem Pferd herausholte, war unglaublich. Dabei benutzte es nicht einmal Sporen und Kandare. Wer diesem kleinen Teufel – dieser Ausdruck soll nur auf das Temperament bezogen sein – ins Gesicht sah, dem wurde einiges klar. Selten habe ich in einem Gesicht, schon gar nicht bei einem Mädchen, einen derartigen Ausdruck von Energie gesehen. Hinter den zwangsläufig physisch schwachen Hilfen stand jedoch die Energie eines mittleren Erdbebens, die sich auf das Tier übertrug.

So ist auch in einer Wildpferdeherde nicht das kräftigste Tier das Leittier, sondern das willensstärkste. Um die Arterhaltung in der Natur zu garantieren, gibt es in jeder Herde eine genau festgelegte Rangordnung. Nur der Ranghöchste kommt in den Genuß, sich fortpflanzen zu dürfen, was jedes Jahr wieder gegen junge, nachkommende Hengste schwer erkämpft werden muß. Auch der Mensch, in das Verhaltensmuster der Pferde eingeordnet, unterliegt dem natürlichen Dominanzverhalten dieser Tiere. Da jedoch der Mensch dem Pferd geistig weit überlegen ist, sollte es dem Reiter und Halter nicht schwer fallen, der Ranghöhere zu sein. Die Voraussetzung ist selbstverständlich die Kenntnis der Psyche und Verhaltensweise dieser Tiere. Konsequenz, Klarlinigkeit und eiserner Führungswille sind deshalb erforderliche Charaktereigenschaften eines Reiters oder Halters von Pferden.

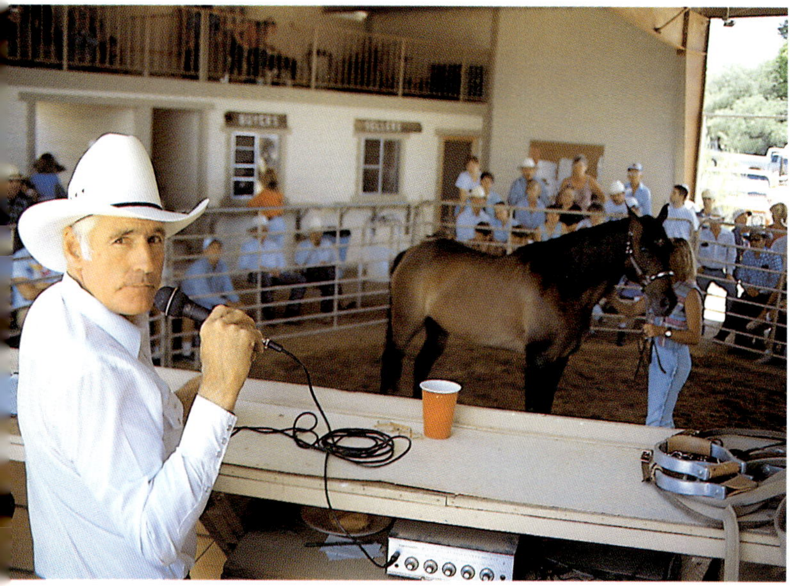

Schon wegen des unnachahmlichen, monotonen Wortschwalls des Auktionators, meines Freundes Mike, lohnt es sich, eine Pferdeversteigerung zu besuchen.

Nur so sind diese feinfühligen Tiere bereit, die Führungsrolle des Menschen anzuerkennen und sich unter ihm geborgen zu fühlen. Der Wille führt das Pferd und nicht die schmerzbringenden Hilfen – ein wesentlicher und entscheidender Faktor beim Reiten. So muß in aller Deutlichkeit gesagt werden:

Wer nicht Willens und in der Lage ist ein Pferd zu führen, hat auf dem Rücken eines Pferdes nichts zu suchen. Ansonsten ist ein Unfall, egal welcher Reitstil auch immer angewandt wird, vorprogrammiert. Das Pferd spürt jede Angst und Unsicherheit, aber auch den Mut und die Unerschrockenheit des Reiters.

Das kleine Cowgirl hatte mehr als genug Energie und Führungswillen. Es ist kaum vorstellbar, wie Pferde so wendig, schnell, trittsicher und explosiv reagieren können. Kein Wunder, daß bald ein Spitzenpreis für dieses Cowboypferd erreicht war.

Ein Pferd folgte dem anderen. Meist wurden sie nicht von ihren Besitzern, sondern von jungen Mädchen oder hübschen Ladies vorgeritten, die sich damit ein paar Dollar dazu verdienten. Natürlich wirkt auch hier ein wohlproportioniertes weibliches Geschöpf in engen Jeans positiver auf die Kauflust der Männer, als ein griesgrämiger, bärtiger Fuzzi. Dann sitzt das in Amerika übliche »plastic money« auch gleich viel lockerer. Ganz ungefährlich ist dieser Job jedoch nicht. Die Mädchen lernen die vorzuführenden Pferde immer erst wenige Minuten vorher kennen. Zeit zum Probereiten ist nicht vorhanden. Sattel drauf, das Zaumzeug übergestreift, und schon geht es in die Auktionsarena. Privatleute und Händler bringen alles zum Verkauf. Rohe, angerittene, alte und verbrauchte, bestens gerittene, aber auch verdorbene Pferde. Man versucht dann, dieses Problem einem anderen anzuhängen.

Natürlich wirkt ein weibliches Geschöpf in engen Jeans auf die Kaufkraft der Herren.

Die Zeche zahlte in diesem Fall leider das Mädchen, welches das Pech hatte, ein solches »bucking horse« ohne Vorwarnung vorführen zu müssen. Zuerst ging alles gut. Es war ein stolzes Pferd. Ein allzu stolzes Pferd. Als die junge Dame nach einigen vorbildlichen Runden im Schritt am langen Zügeln zeigen wollte, was ein gut trainiertes Cowboypferd alles beherrschen muß, war es um sie geschehen. Der erste Einsatz der Sporen sollte auch ihr letzter an diesem Tag sein. Wie von der Sehne geschnellt, katapultierte sich dieser Bronco mit einem Katzenbuckel in die Luft. Nachdem er steifbeinig auf allen vier Beinen gelandet war, kam erst sein eigentlicher Trick. Pfeilschnell machte er einen gewaltigen Satz zur Seite. Mit einem Luftsprung warf er die mittlerweile an der Seite hängende Reiterin in hohem Bogen ab. Drei Meter flog sie durch die Luft, krachte mit der Schulter auf den Boden und blieb bewußtlos liegen. Das Pferd stand völlig ruhig und unbeteiligt in der Ecke. Alles rannte in die Arena. Glücklicherweise war auch ein Arzt unter den Zuschauern, der sich um das verletzte Mädchen bemühte, das für ein paar Dollar seine Knochen riskiert hatte. Zum Glück kam sie bald wieder zu sich, der Arm hing ihr allerdings sehr seltsam vom Körper. Er war ausgekugelt. Vor Schmerzen liefen ihr Tränen über die Wangen. Tapfer verbiß sie sich jeden Schmerzlaut.

*S*ie tat mir leid, aber auch das Pferd. Wieviel Leid und Schmerzen hatte auch dieses schon erleben müssen, um sich so gegen einen Reiter zu wehren? Das Pferd hatte hier wohl gegen die Reiterin gesiegt, mußte diesen Sieg jedoch mit seinem Leben bezahlen. Niemand bot auch nur einen Dollar für dieses schöne und stolze Pferd. Verständlich. Der anwesende Pferdemetzger konnte es anschließend billig erwerben.

Vier Wochen später saß das hübsche, blonde Cowgirl schon wieder im Sattel und führte erneut Pferde vor, von denen es nicht mehr wußte, als daß sie vier Beine haben.

Mit Nr. 27 war Cayenne an der Reihe. Heute reite ich sie ohne Zaumzeug.

*M*it Nummer 27 kam dann Cayenne an die Reihe. Sie wurde von ihrer Besitzerin persönlich vorgeritten. Allerdings nur im Schritt. Der Schimmel machte einen leicht nervösen Eindruck. Mit erhobenem Kopf äugte er etwas ängstlich auf die vielen Zuschauer. Meine Befürchtung, für dieses edle und hübsche Pferd gegen viele Mitbieter steigern zu müssen, bewahrheitete sich nicht. Niemand wollte dieses Pferd haben. Meine verwunderte Frage an Lisa, die Ehefrau des Auktionators, die neben uns saß, brachte Aufklärung: *Vollblutpferde kann man nicht brechen.* Daß Cayenne nur im Schritt vorgeritten wurde, zeigte, daß sie noch nicht zugeritten war, sondern nur den Sattel duldete. Dies war der Grund, warum für diesen edlen Schimmel kein Gebot kam. Niemand wollte beim Einbrechen eines hoch im Blut stehenden Pferdes seinen Hals riskieren.

Da auch ich es grundsätzlich ablehne, meine Knochen beim Einreiten eines Pferdes zu riskieren, mache ich mir die Pferde lieber zum Freund. Ich sah keine Probleme, dieses Pferd zu erwerben. Cayenne war wirklich preiswert. Außer, daß sie sich ohne Gegenwehr den Sattel auflegen ließ, konnte sie wirklich überhaupt nichts. Aber davon später.

*I*ch sollte an diesem Tag noch ein weiteres Pferd kaufen: Stoney. Der Name kommt sicher von Stein, denn steinerweichend sah er aus. Knapp drei Jahre alt, ein dreifarbiger Pintowallach. Allerdings war die dritte Farbe neben weiß und braun schwarz-klebriges Altöl. Die Hufe völlig ausgefranst, die Mähne verfilzt, stand er knochendürr mit einem traurigen Blick in einer Box. Niemand wollte ihn haben. Keiner hatte die Hand gehoben oder mit dem Kopf genickt, was als Bestätigung beim Mitsteigern bereits genügt. Seine Zukunft war sehr ungewiß. Er tat mir so leid, als er mir in die Augen schaute. Ohne etwas über ihn zu wissen, kaufte ich ihn dem Händler ab.

Ich streichelte diesen heruntergekommenen Wallach und sprach leise auf ihn ein. Plötzlich hob er den Kopf und schaute mich mit ganz anderen Augen an. Seltsam, daß mir bei dieser Gelegenheit gerade das Märchen vom häßlichen Entlein einfiel. Aber wie sich später herausstellte war dies kein Zufall, sondern Vorahnung.

Die Formalitäten, das von mir so wenig geliebte »paper work«, waren rasch erledigt. Mike wollte mir die Pferde am nächsten Tag auf die Ranch bringen. Wir stellten Cayenne und Stoney in zwei nebeneinander liegende Boxen. Hier begann die rührende Anhänglichkeit und Liebe zwischen diesen beiden so unterschiedlichen Pferden.

Sie waren bereits ein Paar, als sie am nächsten Morgen mit dem Pferdetransporter gebracht wurden. Um sie an die anderen Pferde zu gewöhnen, brachten wir sie zuerst einmal für einige Stunden auf den angrenzenden Reitplatz. So konnten sie sich beschnüffeln, ohne sich zu nahe zu kommen.

Jede Eingliederung eines Pferdes in eine bestehende Herde birgt eine gewisse Verletzungsgefahr.

Jede Eingliederung eines Pferdes in eine bestehende Herde birgt eine gewisse Verletzungsgefahr. Sie ist natürlich bei einem so großen Gelände relativ klein, da die Tiere genügend Platz haben, um einander auszuweichen. Trotzdem ist es besser, wenn sie sich zunächst einmal über den Zaun beschnuppern können. So war das auch heute.

Nach dem Einbringen von Stoney und Cayenne in die Herde hatten sich die Tiere schon bald wieder beruhigt. Cayenne und Stoney jedoch blieben unzertrennlich. Wie Zwillinge machten sie alles gemeinsam.

Cayenne machte beim Zureiten überhaupt keine Probleme. Sie sprach sehr auf Belohnung an und zeigte ein außerordentliches Lernvermögen. In weniger als drei Ausbildungsstunden hatte sie alles zum Reiten Erforderliche gelernt und nahm willig die leichtesten Hilfen an.

So war auch der folgende Ausritt durch meine »Lucky Hills« für mich ein echtes Erfolgserlebnis. Wenn Cayenne auch bei auffliegenden Vögeln oder ungewohnten Felsformationen der typischen Indianerlandschaft zunächst nervös schnaubte, sie hatte meinen Beruhigungston »HoHo« längst begriffen. Schnell regte sie sich wieder ab und zog ruhig ihres Weges. Das Lehren eines Beruhigungs- oder Belohnungstones ist eines der wichtigsten Dinge beim Umgang und Reiten mit Pferden.

Das Lehren eines Beruhigungs- oder Belohnungstones ist eines der wichtigsten Dinge beim Umgang und Reiten mit Pferden.

Als Fluchttier habe ich es bei einem Pferd immer mit der Angst zu tun. So ist es wichtig, dem sensiblen Tier einen Ton zu lehren, den es mit positiven Erfahrungen in Verbindung bringt und der ihm die Angst nimmt. Das ist eines der Geheimnisse, warum die Pferde bei mir beim Zureiten kein Wehrverhalten zeigen – sie werden doch nicht die »große gelbe Rübe«, die auf ihrem Rücken sitzt, abschütteln, um dann auf die Leckereien verzichten zu müssen!

Heute ist Cayenne eines der anhänglichsten Pferde der gesamten Herde. Sie zu reiten, ist ein Traum. Ich benötige dazu in allen Gangarten keinerlei Zaum oder Zügel – nicht einmal beim Rindertrieb. Ich habe das Gefühl, sie kann Gedanken lesen. Bevor eine Hilfe überhaupt wahrgenommen werden kann, wird sie von Cayenne schon angenommen und ausgeführt. Es ist Harmonie in Vollendung, was auch von allen Pferdeleuten und Cowboys neidlos anerkannt wird, wenn wir ohne Zaum durch wildestes Gelände oder durch Tombstone reiten.

Stoney mauserte sich tatsächlich vom häßlichen Entlein zum stolzen Schwan. Er macht eine derartige Persönlichkeitsentwicklung, daß ich jede Wette eingehe, daß Stoney in wenigen Jahren den mächtigen Herdenboß A.J. in die Schranken weisen wird. Er legte gewaltig zu, und sein Fell wurde glatt. Er ist wirklich nur zweifarbig, dieser lustig gezeichnete Pinto. Obwohl er, nun vierjährig, den ganzen Tag voller Dummheiten steckt, benimmt er sich unter dem Sattel sehr anständig. Völlig problemlos und ohne Angst trägt er seine menschliche Last.

Er ist eines meiner intelligentesten Pferde, und nichts ist vor ihm sicher. In großer Anhänglichkeit sucht er meine Nähe und stört sich wenig daran, sollte ein Zaun oder eine Türe den Weg zu mir versperren. Dabei legt er eine so sture Liebenswürdigkeit an den Tag, daß man ihm wirklich nicht böse sein kann. Der Fehler dabei ist: Er weiß es.

Die Liebe zwischen Stoney und Cayenne ist unendlich. Sie sind fast nie getrennt. Wo Stoney ist – ist auch Cayenne, wo Cayenne ist – ist auch Stoney. Sie fressen zusammen, sie schlafen zusammen, und wenn man ihr zärtliches Fellkraulen sieht, könnte man fast ein bißchen neidisch werden. Sie gehen und stehen oft gemeinsam, als wären sie in eine unsichtbare Kutsche eingespannt.

Harmonie in Vollendung – wir reiten ohne Zaumzeug selbst durch Tombstone.

Natürlich versuche ich bei Ausritten, möglichst beide Pferde einzusetzen, doch ist dies nicht immer möglich. Für den Zurückbleibenden herrscht dann Weltuntergangsstimmung. Schon beim Satteln läuft er an der Türe zur Koppel aufgeregt auf und ab. Wenn wir aber dann auf dem Rücken unserer Pferde den »Lucky Hills« entgegenreiten, werden wir mit sehnsüchtigem Wiehern bis zum Ende der Koppel begleitet. Und mit weit über die Abzäunung hinaus gestrecktem Hals möchte man der entschwindenden Liebe so lange wie möglich nahe sein.

So werden wir auch wieder erwartet. Die Begrüßung fällt mehr als herzlich aus, und gemeinsam galoppieren sie dann übermütig durch das Gelände. Wenn sie dann beieinander stehen, sieht man es wieder – das Ohrenspiel. Die Köpfe zusammengesteckt, zeigen die Lauscher wieder nach hinten, mit ebenfalls schräg nach hinten ausgerichteten Ohrmuscheln. Zufriedenheit, Glück und Freude strahlen sie aus. Die Welt ist wieder in Ordnung. Diese Ohrenstellung bei Wohlbefinden und Freude ist sowohl zwischen Pferden wie auch dem Menschen gegenüber festzustellen – eine Erkenntnis, die eine wesentliche Hilfe zum besseren Verständnis dieser Tiere darstellt. Eine Erkenntnis, die auch die Vielzahl der Gefühlsregungen bei den Pferden beweist, die man diesen unverstandenen Tieren bis heute nicht zugetraut und auch nicht zugestanden hat. Es war höchste Zeit, dies zu erkennen. Tiere, die bereit sind, dem Menschen freiwillig und treu zu dienen, verdienen auch, daß man ihre Gefühle nicht nur versteht, sondern ihnen auch die nötige Achtung entgegenbringt.

Bei Ausritten versuche ich, Stoney und Cayenne gemeinsam einzusetzen.

Analyse

Mitgefühl

Nur ganz selten konnte ich in meinem Reiterleben eine derartige Übertragung eines Gefühls vom Menschen aufs Tier erleben wie bei dem zwölfjährigen Mädchen auf der Auktion. Hier war wieder der Beweis, daß das Gefühl die Ebene ist, auf der wir uns mit den Tieren verständigen können, daß nicht physische, sondern psychische Kraft übertragen wird. Man konnte den Reiterwillen dieses Kindes nicht nur an dem energiegeladenen Gesicht sehen, sondern selbst der Zuschauer fühlte die Wellen der Kraft, die von der kleinen Reiterin ausgingen und sofort auf das Pferd übertragen wurden. Die Tiere fühlen mit uns.

Panikverhalten

Der Sprung vom Freundbild in das Feindbild kann bei Pferden in Sekundenschnelle geschehen.

Zwei Dinge sind bei der Analyse der Geschichte des verunglückten Mädchens besonders hervorzuheben: Der Sprung vom Freund- ins Feindbild erfolgt bei einem Pferd in Sekundenschnelle. Er ist durch die unterschiedliche Sensibilität eines jeden Pferdes nicht vorhersehbar. Wenn sich Pferde im Wehrverhalten befinden, sind die Reaktionen nicht mehr kontrollierbar und nicht mehr zu beeinflussen, da das Gefühl *Panik* jede Einwirkung des Reiters blockiert. Daß Pferde nicht nur durch Schmerz in Panikzustände versetzt werden können, werde ich mit weiteren Erlebnissen belegen.

Liebe und Zuneigung

Wenn zwei Pferde neu in eine Herde kommen, entsteht oft eine gegenseitige Liebe. So gibt es bei Pferden enge Paarbildungen, die oft lebenslänglich halten. Eifersüchtig bewachen sich dabei die Partner und schirmen, wenn es ihre Rangstelle erlaubt, den Geliebten gegen alle anderen Annäherungen ab. Interessant ist dabei, daß sich bei Untreue eines Partners die entstehende Wut nicht auf den Partner, sondern auf den Außenstehenden bezieht. Sollte es sich dabei um ein rangniederes Pferd handeln, wird dieses mit bösen Bissen davongejagt. Bei einem ranghöheren »Eindringling« muß der Platz an der Seite der Geliebten geräumt werden.

Zwei in Stallungen nebeneinander stehende Pferde entwickeln oft ein inniges gegenseitiges Gefühlsleben.

Der Tatsache, daß zwei in Stallungen nebeneinander stehende Pferde oft ein inniges gegenseitiges Gefühlsleben entwickeln, wird fast nie Rechnung getragen. Pferde werden in den Ställen beliebig umgestellt oder in andere Ställe gebracht. Niemand denkt bis heute darüber nach, wieviel Leid wir den sensiblen Tieren allein damit zufügen. Sie haben keinen Verstand wie wir Menschen, mit dem sie sich über eine Situation hinweghelfen könnten. Aber sie haben Gefühle wie wir, die den gleichen Höhen und Tiefen unterliegen. Wären sie der menschlichen Sprache mächtig, würden sie mit Sicherheit sagen: »*Wir fühlen wie Du!*«

Bevor ich nun zu den Erlebnissen mit Pferden in Deutschland komme, muß ich noch über ein Ereignis berichten, das ich auf der Ranch eines Freundes in Kalifornien hatte. Er hat diese wunderschöne Ranch vor sechs Jahren von einem berühmten Filmproduzenten gekauft. Es handelt sich dabei um eine ehemalige Pferderanch, auf der in der Blütezeit zweihundert reinrassige Vollblut-Araber beheimatet waren. Reinhard war im Gegensatz zu mir kein Pferdemann, sondern wollte, dem damaligen Trend in Amerika entsprechend, eine lukrative Straußenzucht aufbauen. So gingen nur noch acht Araberpferde mit der Ranch in seinen Besitz über, von denen ich vier käuflich erwarb und auf meine Ranch nach Arizona bringen ließ.

Steffi, seine hübsche Frau, bat mich, Enosca für sie einzureiten. Enosca ist eine wunderschöne fünfjährige Schimmelstute, die noch nie einen Sattel getragen hatte. Steffi hatte bis dahin einige Reitstunden in meinem Ausbildungszentrum in Dasing genommen.

So startete ich diesmal meinen alljährlichen Amerika-Aufenthalt auf der im spanischen Stil gebauten Ranch meines Freundes. Das Einreiten des sensiblen und noch rohen Pferdes konnte beginnen. Mike, der von Reinhard übernommene, ehemalige Manager der Araberzucht, wünschte mir nur »*good luck*«, als er von Steffi hörte, daß ich Enosca ohne Gebiß und Sporen, nur auf der Basis von Belohnung, einreiten wollte. Den Belohnungston, mit schmackhaften Karotten gelehrt, hatte sie in weniger als zwei Minuten begriffen. Er ist wirklich der Schlüssel zum Pferd. Damit hatte ich Enosca auch schnell an mein gebißloses Halfter gewöhnt. Nach den Dominanzübungen am Boden fühlte sie sich in meiner Nähe geborgen, und schon bald verband uns ein gegenseitiges Gefühl der Zuneigung. Enosca nahm mich als ihr Eigentum in Beschlag und verteidigte mit wilden Drohgebärden ihren Platz an meiner Seite gegenüber den anderen Pferden. Sie war die Ranghöchste in dieser kleinen Herde.

Am zweiten Tag sattelte ich bereits das edle Tier und zog mich sachte auf ihren Rücken. Sofort hatte Enosca begriffen, daß auf dem Rücken kein Feind, sondern ein Freund saß, denn dankbar nahm sie mir die von oben gereichten Karotten entgegen.

Ich liebe Araber – die edelsten Pferde, die die Natur erschaffen hat. »Mutig«, hochintelligent und äußerst sensibel, hatte Enosca schnell den Hauch des Absatzes als treibende Hilfe und die Annahme des leichten Schnurhalfters mit zwei Fingern, als Parade erkannt. Schon nach dreißig Minuten führte dieses feinfühlige Pferd beim Drehen meines Körpers Schlangenlinien, Volten und Wendungen in vollendeter Harmonie aus. Sie war zu meinen Beinen geworden.

Gerade wollte ich auf dem Reitplatz die erste Lektion im Sattel beenden und absteigen, als Mike, der Manager der Ranch, am Bürogebäude vorfuhr. Ich konnte es mir nicht verkneifen, mit Enosca zu dessen Auto zu reiten, was sie auch willig tat, um interessiert in das Wageninnere zu schauen. »*Thanks for good luck*«, sagte ich und ritt, ohne mich noch einmal umzudrehen weiter, um Enosca wieder auf die Weide

Ich konnte es mir nicht verkneifen, mit Enosca zu Mikes Auto zu reiten.

zu bringen. Wie mir Steffi später erzählte, schaute mir Mike mit offenen Munde nach, bis ich hinter den herrlichen Eichen der Ranch verschwunden war.

Enosca und ich waren absolut vertraut. Risikolos konnte ich ihr durch die Beine schlüpfen. Nach vier Tagen ging sie schon so perfekt, daß ich begann, Steffi, die ja das Reiten erst begonnen hatte, auf ihr zu unterrichten. Ich selbst ritt auf Enosca hinunter zu dem riesigen See, in dem sich die im Hintergrund liegenden Berge spiegeln, trabte durch die schattigen Eichenwälder und galoppierte mit durchhängendem Zügel den sachten Hügel hinauf, von dessen Zenit man einen herrlichen Überblick über die Ranch hat, die im Süden an das Land des »King of Pop«, Michael Jackson, grenzt. Als ich mich nach einer Woche verabschiedete, war Enosca ein gutes Reitpferd geworden. Ich gab Steffi noch gute Ratschläge und zog weiter nach Arizona, in das wilde, so anders geartete, ehemalige Land der Apachen.

Auf Enosca hatte ich einen herrlichen Überblick über die Ranch des »King of Pop« Michael Jackson.

Steffi fühlte sich, als noch nicht so geübte Reiterin, der Aufgabe nicht gewachsen, das junge Pferd ohne Anleitung zu reiten.
Ihr wurde ein in der Nähe lebender Indianer zur weiteren Betreuung des Arabers empfohlen – damit begann die Tragödie.

Die Hoffnung, daß dieser Indianer wie ich in der Tradition seiner Vorfahren ohne schmerzende Hilfsmittel wie Kandare und Sporen reiten würde, bewahrheitete sich leider nicht. Enosca ließ ihn willig auf ihren Rücken steigen, sie hatte ja nur die besten Erfahrungen damit gemacht.

Beim ersten Einsatz der Sporen aber schoß sie mit einem mächtigen Satz davon und buckelte den Reiter in wilder Panik herunter. Dieser lag stöhnend am Boden in der Nähe des Koppelzaunes. Im rasenden Galopp kam dieses in Panik geratene Tier zurück, bremste und trat auf dem am Boden liegenden Menschen herum. Mit schweren Nierenquetschungen mußte der Indianer sofort in die Klinik gebracht werden, wo auf der Intensivstation vier Wochen um sein Leben gekämpft wurde.

Glücklicherweise ist er wieder genesen. Er wußte nichts über das Freund- und Feindbild, in das uns die Pferde einstufen müssen, und die daraus resultierenden Reaktionen dieser Tiere.

Analyse

Freundbild – Feindbild

In der 70 Millionen Jahre langen Entwicklungsgeschichte der Pferde gibt es für das Herdentier Pferd nur zwei Verhaltensmuster

1. Das Verhalten der Artgenossen untereinander, das Freundbild
2. Das Verhalten dem Feind Raubwild gegenüber, das Feindbild

Jedes Lebewesen, mit dem ein Pferd konfrontiert wird, wird in das vererbte Freund-Feind-Bild eingeordnet.

Des logischen Denkvermögens nicht mächtig, müssen Pferde jedes in ihren Lebensbereich tretende Lebewesen in das ihnen vererbte Freund-Feind-Bild aufnehmen.

Aus diesem Grund ist beim Beginn der Ausbildung eines Pferdes das Übermitteln eines Belohnungstones, in Verbindung mit Möhren oder ähnlichen Leckereien, notwendig. Das Pferd wird dadurch den Menschen in das Freundbild einordnen und nicht das im Feindbild enthaltene, unkontrollierte Wehrverhalten zeigen.

Das Einsitzen in den Sattel ist ein Vorgang innerhalb des Feindbildes. Nur ein Puma springt einem Pferd vom Baum aus auf den Rükken, um ihm von dort das Genick durchzubeißen. Damit beim ersten Aufsteigen des Reiters nicht das gefürchtete Wehrverhalten ausgelöst wird, muß bis dahin bereits eine echte Vertrauensbasis und die Dominanz des Reiters hergestellt sein. Entscheidend ist dann das sofortige Verabreichen von Belohnung vom Sattel aus, damit das zwangsweise entstehende Feindbild eines »Lebewesens auf dem Rücken des Pferdes« in ein Freundbild umgewandelt wird.

Der genau umgekehrte Vorgang lief beim ersten Einsatz der Sporen durch den Indianer ab. Das mittlerweile entstandene Freundbild eines auf dem Rücken sitzenden Reiters wurde durch Schmerz- und Angsteinwirkung in das angeborene Feindbild umgewandelt. Die dafür typischen Reaktionen sind das unkontrollierte Wehrverhalten wie Buckeln, Steigen, Durchgehen und der Wille, den am Boden liegenden Feind zu töten, um die Gefahr endgültig auszuschalten.

Spitzbub Gefühls-Über-Tragung

Mit Spitzbub spannt sich der Bogen meiner Pferdegeschichten – leider auf sehr traurige Weise – von Amerika zurück nach Deutschland. Doch ich möchte nicht vorgreifen.

Spitzbub liebte die Menschen über alles. Er war mein Showpartner, auf dessen Rücken ich als einziger Sänger zu Pferde meine Westernlieder vortrug. Unsere Bilanz in genau zwanzig Jahren, die wir miteinander verbringen durften, kann sich sehen lassen. Es waren über 1 500 erfolgreiche Bühnenshows in fast allen bedeutenden Veranstaltungshallen und Sälen in Deutschland, Österreich und der Schweiz. Spitzbub war immer der Mittelpunkt und Liebling aller Gäste. Niemals ließ er mich im Stich oder war krank, so daß ich nicht einen einzigen Auftritt absagen mußte. Wie es sich für ein Pferd in feinsten Kreisen gehört, trug er richtige, von einem orthopädischen Schuhmacher angefertigte Hausschuhe mit Gummisohlen für Parkett oder Marmorböden. Er verursachte in all den Jahren nicht einen Pfennig Schaden – zur Freude der Versicherungsgesellschaft, die zunächst dieses ungewohnte Risiko nicht in Deckung nehmen wollte.

Spitzbub war immer absolut stubenrein – mit einer Ausnahme: Bei einer Hitparade des SWF, einer Life-Veranstaltung in Immenstaad am Bodensee, verpaßte er dem tierfeindlich eingestellten Bürgermeister einen nicht zu übersehenden Denkzettel. Obwohl vom SWF angekündigt und in den Programmen ausgedruckt, wollte besagter Herr bei der am Nachmittag stattfindenden Probe Spitzbub mit sehr unfreundlichen Worten des Saales verweisen. Spitzbub spürte diese Antipathie und rächte sich auf seine Weise. Am Abend setzte er dem in der ersten Reihe sitzenden Bürgermeister, im Scheinwerferlicht nicht zu übersehen, seine dampfende Meinung genau vor die glänzenden Lackschuhe. Es war wirklich in all den vielen Jahren das einzige Mal. War dies wirklich Zufall, oder spürte er die Antipathie?

Treppensteigen und Aufzugfahren, ohne geführt zu werden, gehörte zu seinem täglichen Leben. Wir erlebten die lustigsten Reaktionen beim Öffnen von Lifttüren. Von Lachsalven über Bewunderung bis zur Flucht war alles vertreten. Nur einmal gesellte sich in einem Münchner Kaufhaus eine alte Dame nach dem Öffnen der Türe zu uns in den Personenaufzug, als wäre ein Pferd im Lift die selbstverständlichste Sache der Welt. Alle Achtung vor der Dame, die nicht blind, sondern nur mit gesundem Menschenverstand ausgestattet war.

Spitzbub genoß es, im Mittelpunkt zu stehen und von den Gästen gestreichelt und verwöhnt zu werden. Er hatte schnell gelernt, daß Menschen in Verbindung mit Musik, Belohnung und Leckereien bedeuteten. Wenn ich bei meinen Shows zwischendurch abstieg, mußte ich ihn nicht festhalten. Er strebte niemals dem Ausgang zu, was bei Angst die logische Reaktion eines Fluchttieres gewesen wäre. Ganz im Gegenteil lief Spitzbub sofort zu den vorderen, privilegierten Plätzen und stahl so manches Salatblatt oder Kuchenstück vom Teller der Ehrengäste, zur Freude aller zahlenden Besucher. Aber wer konnte diesem so menschenfreundlichen Pferd wirklich böse sein? Sie liebten ihn alle.

*D*abei hatte er nicht immer so gute Erfahrungen in seinem Leben gemacht. San Emilio stand in seinen Traberpapieren, als ich ihn kaufte. Er hatte eine erfolgreiche Karriere als Rennpferd hinter sich und war einer der Wenigen, der den anstrengenden Trabrennsport bis zur zulässigen Altersgrenze von zwölf Jahren durchgehalten hatte. War es Zufall oder Bestimmung, daß aus San Emilio Spitzbub wurde?

Mit Spitzbub hatte ich über 1500 erfolgreiche Bühnenauftritte. Er konnte Treppensteigen, Aufzug fahren – er war der Liebling des Publikums.

SPITZBUB

*B*ubi, mein erstes Pferd (siehe »*Ohne Peitsche – ohne Sporen*«), mit dem ich meine Karriere als reitender Westernsänger begonnen hatte, war plötzlich an Darmverschlingung gestorben. Doch schon vier Tage später waren zwei Auftritte vereinbart und kein Showpferd in Sicht.

Ich rief Sepp, einen alten Bekannten an, der selbst Traber züchtete und der auch immer wußte, wo es ein Pferd zu kaufen gab. Er bot mir San Emilio zum Kauf an, den er gerade von der Rennbahn in Daglfing auf seinen Hof zurückgeholt hatte. Eigentlich entsprach ein heißes Rennpferd nicht meiner Wunschvorstellung von einem Showpferd, das mit mir oft mitten unter tausend und mehr Menschen stehen mußte. Doch als ich ihn ansah, war die Entscheidung schon gefallen. Es war von der ersten Sekunde an eine tiefe Sympathie zwischen uns, als ich ihm in die Augen schaute, eine Sympathie, die sich bis zur tiefen Liebe steigern sollte.

Als Reitpferd konnte Spitzbub, wie ich ihn umgetauft hatte, allerdings gar nichts. Wohl ließ er sich, ohne sich zu wehren, den Sattel auflegen und duldete mich auf seinem Rücken. Schenkelhilfen und einhändige Zügelführung waren ihm jedoch fremd. Dies war aber für mich unerläßlich, um ein Mikrofon halten zu können.

Es zeigte sich auch hier wieder, wie schnell Pferde auf der Basis der Belohnung lernen. Nach drei Tagen intensiver Ausbildung nahm er Schenkelhilfen und Paraden willig an und hatte selbst das kontrollierte Steigen, mein Markenzeichen, gelernt.

Spitzbub stand oft zwischen tausenden von Kindern, die er so liebte – und nie ist auch nur das Geringste passiert.

*E*s war bezeichnend für dieses bravste aller braven Pferde, das mir jemals unter die Finger gekommen ist: Sein erster Auftritt als angehender Showstar war eine Wohltätigkeitsveranstaltung für Kinder, die er immer so liebte; auch seine letzte Show sollte mit 33 Jahren eine Benefizveranstaltung für krebskranke Kinder sein.

*K*inderfest im Augsburger Zoo war angesagt. Wie jedes Jahr war ich von der Stadt Augsburg eingeladen, tausende Kinder auf der großen Spielwiese zu erfreuen. Spitzbub tanzte und drehte sich unter mir zu meinen Liedern und beeindruckte durch sein imposantes Steigen. Alle Gäste und besonders ich waren begeistert.

Wie würde jedoch der zweite Auftritt an diesem Tag in einem mit 2 000 Menschen gefüllten Festzelt ausfallen? Ich »bewaffnete« entlang des Mittelganges alle meine Freunde mit Karotten, Äpfeln und Zucker. Es war für Spitzbub ein Ritt ins Schlaraffenland. Er fraß sich bis zur Bühne durch und hatte sich schnell an die Musik und die Menschen gewöhnt. An diesem Tag hat er seine Liebe zu Musik und Leuten bei Auftritten entdeckt.

Am liebsten besuchte mich Spitzbub in meiner Wohnung.

*E*r folgte mir, ohne geführt werden zu müssen, in Hotels und Stadthallen, und auch die Technik der sich automatisch öffnenden Glastüren hatte er zur Verblüffung aller Zuschauer schnell begriffen.

Ich entsinne mich an einen gemeinsamen Schaufensterbummel in Bonn. Nach der Probe einer Veranstaltung in der ruhmreichen Beethovenhalle vertrieben wir uns damit die Zeit. Ohne Zügel lief er neben mir her, wartete an roten Verkehrsampeln und schaute neben mir interessiert in die Auslagen der Geschäfte.

*A*ber am liebsten besuchte er mich in meiner Wohnung, die er durch das Verbindungsfenster zu seiner Box, neben dem offenen Kamin, bestens kannte. Wir waren ständig in Sichtverbindung. Schon als pferdebesessener Junge träumte ich davon, einmal beim Bau eines eigenen Hauses den Pferdestall mit einem großen Fenster neben meinem Wohnraum zu haben. Mein Traum ging in Erfüllung. So konnte ich Spitzbub in den Abendstunden im Stall oder am Tag auf der vor der Terrasse liegenden Koppel sehen.

Schon hier stellte ich zum ersten Mal fest, daß es eine Gefühlsübertragung zwischen Menschen und Tieren geben muß. Wenn ich am offenen Kamin saß und gedankenversunken in die knisternden Flammen sah oder in einem Buch las, erlebte ich es oft, daß ich ohne ersichtlichen Grund meinen Kopf drehte, um nach Spitzbub zu schauen. In der Mehrzahl aller Fälle blickte ich dabei in die Augen meines besten Freundes, der zum Fenster gekommen war, um nach mir zu sehen.

Das gleiche konnte ich auch oft auf der Koppel beobachten. Wenn ich durch die Glasfront zur Koppel hinausblickte, hatte Spitzbub ebenfalls den Kopf erhoben und spähte herüber zum Haus. Dies konnte doch kein Zufall sein.

Schon damals nahm ich mir vor, das Gefühlsleben der Pferde zu erforschen. Allerdings konnte ich noch nicht ahnen, wie ausgeprägt dieses bei Pferden tatsächlich ist. Woher sollte ich wissen, daß das Gefühl tatsächlich die wichtigste Schaltstation eines Lebewesens darstellt und welche Bedeutung die Gefühlsübertragung des Reiters auf das Pferd hat.

In den 20 Jahren, in denen wir zusammen leben durften, bekam dieses sensible Pferd nicht einen einzigen Schlag von mir, und kein böses Wort war zwischen uns nötig. Er dankte es mir in rührender Anhänglichkeit und endloser Treue. Er fühlte sich in Film- und Fernsehstudios genau so wohl wie bei vielen Veranstaltungen. Große Stars wie Adamo, Freddy Quinn, Mireille Mathieu, Gilbert Becaud, Heidi Brühl, Marianne und Michael, Karel Gott oder Hugo Strasser, um nur einige zu nennen, hatten ihn ebenfalls ins Herz geschlossen, obwohl er ihnen nicht selten die Show stahl, was viele, viele Zeitungsartikel beweisen.

Große Stars wie Marianne und Michael, Gilbert Becaud, Mireille Mathieu und viele andere hatten meinen Spitzbuben ins Herz geschlossen.

Seine letzte Show war wieder ein Auftritt für Kinder, die er bei vielen Jugendveranstaltungen besonders ins Herz geschlossen hatte. Auch dieses Mal stand er eingepfercht zwischen tausenden von Kindern. Er spürte die Zuneigung dieser noch unverdorbenen Menschen und bewegte sich so behutsam wie in einem Porzellanladen. Kinder standen am Anfang seiner Karriere, auch mit seinem letzten Auftritt konnte er ihnen Freude machen. Der Erlös dieser Wohltätigkeitsveranstaltung war für krebskranke Kinder bestimmt.

Es war Ende Oktober. Wie jedes Jahr begann nun für Spitzbub ein dreimonatiger Urlaub mit täglichem Weidegang. Ich selbst weilte wie immer in der Winterpause meines Freizeitparks »Western City« in Amerika. Zehn Jahre lang hatte ich nachweisbar während dieser Zeit niemals angerufen, um von negativen Nachrichten (denn nur solche sind anscheinend wert, berichtet zu werden!) verschont zu bleiben. Ich wußte, meine geliebten Tiere waren, wie immer unter der Aufsicht meiner Tochter Conny, bestens versorgt. Dieses Jahr brach ich zum ersten Mal mit dieser Tradition. Ich wußte nicht, warum ich plötzlich meine langjährige Gewohnheit änderte. Es war das Gefühl.

Zu Gast auf der Ranch eines Freundes wachte ich plötzlich mit einem unguten Gefühl auf. Ich hatte dafür keine Erklärung und keinen ersichtlichen Grund. Wie von selbst nahm ich den Telefonhörer ab und wählte: *»Hallo Conny, wie geht's?«* – *»Spitzbub ist heute Nacht gestorben – es tut mir so leid, Papa!«*

33 Jahre wurde er alt. Er durfte ohne Leiden und ohne Todeskampf einfach einschlafen, wie das nicht zerwühlte Stroh zweifelsohne bewies. Er hatte diesen humanen Tod tausendfach verdient, so schwer er mich auch getroffen hat. Conny hatte am letzten Abend um 22 Uhr, wie immer, ihren Kontrollgang durch die Ställe gemacht. Spitzbub hatte bereits sein Kraftfutter aufgefressen und kaute genüßlich an dem duftenden Heu. *»Willst Du nicht aufstehen«*, begrüßte Conny Spitzbub am nächsten Morgen, um festzustellen, daß er es nie wieder tun würde.

Welch ein Trost war es für mich zu wissen, daß ich ihn niemals geschlagen, geschunden und gequält hatte. Er hatte ein schönes Leben bei mir, mit täglichem freien Auslauf in der Gemeinschaft seiner Pferdekameraden und Stuten. Er liebte seine Auftritte und die Menschen über alles und rannte, wenn es auf Tour ging, ohne geführt zu werden, in seinen als Stall ausgebauten Pferdehänger.

Ich bin ihm für seine Treue und seine Liebe, die er mir entgegengebracht hat, von ganzem Herzen dankbar. Ich habe sie erwidert.

Analyse

Gefühlsübertragung

Gefühle können zwischen Menschen und Tieren übertragen werden.

Gefühle können zwischen Menschen und Tieren übertragen werden. Wir wissen, daß Pferde unter einem ängstlichen Reiter verzagt oder dominant werden können, daß Sympathie oder Antipathie wichtige Faktoren beim Zusammenwirken von Partnern sind, daß die Wut eines dominanten Pferdes mit einem noch größeren Wutgefühl des Reiters erwidert werden muß – doch wir wissen nicht, wie das Übertragen der Gefühle vonstatten geht. Wir wissen nicht, auf welche Entfernungen Gefühle vom Sender zum Empfänger aufgenommen werden können.

Gedankenströme sind meßbar. Der klinische Tod tritt erst dann ein, wenn keine Gehirnströme mehr festgestellt werden können.

Werden die meßbaren Gehirnströme nur von Gedanken oder nicht auch vom Gefühl ausgelöst? Da bewiesenermaßen Gefühlsübertragungen möglich sind, ist dies nur durch die Aussendung von elektrischen Impulsen erklärbar. Keine Energie geht in unserem Universum verloren. So ist es absolut denkbar, daß Gefühle über weite Strecken zu empfangen sind, wenn die Wellenlänge und die Sensibilität von Sender und Empfänger genau aufeinander abgestimmt sind.

Dieses zu erforschen, wäre eine wichtige Aufgabe für die Wissenschaft, wurde doch die Wichtigkeit des Gefühls und die alles entscheidende Auswirkung des Grundgefühles auf das Wohlbefinden und die Gesundheit bei Lebewesen bis heute noch nicht richtig erkannt.

*P*EPPY
VERTRAUEN

*I*ch werde Spitzbub nie vergessen, doch das Leben geht weiter. So war ich auf der Suche nach einem Nachfolger und hatte diesen schon bald gefunden.

Die Geschichte, wie ich Peppy kennenlernte, zeigt, wie schnell das verlorene Vertrauen eines Pferdes dem Menschen gegenüber wieder aufgebaut werden kann und Furchtlosigkeit und Souveränität des Reiters beruhigend auf das Pferd wirken. Viele Pferde, die als »Verbrecher« oder unreitbar galten, konnte ich in kürzester Zeit alle wieder reitbar machen. Obwohl ich dies schon bei vielen Pferden bewies, bin ich trotzdem immer wieder erstaunt, wie schnell diese Tiere bereit sind, schlechte Erfahrungen mit dem Menschen zu verdrängen, seine Dominanz anzuerkennen und sich dem Gefühl der Geborgenheit unterzuordnen. Voraussetzung dafür ist natürlich, daß nicht versucht wird, diese Dominanz mit Schmerzeinwirkung zu erreichen.

*V*on einer Bekannten erfuhr ich, daß Peppy, ein fünfjähriges Quarterhorse, in einem Reitstall bei München zum Verkauf angeboten wurde. Vier Monate war er nun in Deutschland. Doch die bisherigen Erfahrungen in seiner neuen Heimat waren keine Guten. Seine Besitzerin, die ihn und ein zweites Pferd aus den USA importiert hatte, ließ ihn durch einen angeblichen »Western-Trainer« ausbilden. Die Erfahrung als Ausbilder von Westernpferden beruhte bei diesem jungen Mann allerdings nur auf einem dreimonatigen Amerikaaufenthalt, in dem er scheinbar nur Rodeos und keine seriöse Ranch gesehen hatte. Sein Rezept war das Brechen der Pferde. Wenn Peppy nicht ruhig stehen blieb, kam die brutale Kandare zum Einsatz. Zwanzig oder mehr Meter wurde er mit unmenschlichen Schmerzen gezwungen, rückwärts, in diese unbeliebte Richtung, zu gehen.

Bis zu 150 Kilogramm können durch die Hebelwirkung der Kandare mit dem langen Löffel der Gebißstange auf den empfindlichen Gaumen wirken. Narben am Gaumen von Peppy zeigen, daß dieser dem Druck nicht gewachsen war.

Das Durchgehen schaffte Peppy sogar im Rückwärtsgang.

*P*eppy galt als unreitbar. Sobald er beim Anreiten den treibenden Schenkel spürte, suchte er sein Heil in der Flucht. Allerdings nicht vorwärts, sondern rückwärts, alles überrennend, was sich ihm in den Weg stellte. Ich hatte in meinem langen Reiterleben derartiges noch nicht erlebt. Der Erfolg gab Peppy jedoch recht. Er rannte so schnell in die »falsche« Richtung, daß alle Kauflustigen sich nach den ersten Metern fluchtartig, mit einem Sprung vom Pferd, in Sicherheit brachten.

Niemand wollte dieses wunderschöne Tier kaufen. Ich wußte, in den nächsten Tage waren noch weitere Interessenten angesagt. Es begann ein Pokerspiel, denn ich wollte ihn haben. Seine großen Augen, mit denen er mich musterte, als ich ruhig mit ihm sprach, zeigten mir, daß wir uns »riechen« konnten. Es war ein gutes Gefühl zwischen uns. 15 000 Mark war der gewünschte Preis für das mit besten Papieren ausgestattete Quarterhorse. Ich bot für diesen unreitbaren »Verbrecher«, wie er von einigen Interessenten bezeichnet wurde, 5 000 Mark. Die Besitzerin lehnte dies entschieden ab.

Mit der Zusage, das »unreitbare« Pferd für dieses Geld abzunehmen, fuhr ich wieder nach Hause. Waren meine Karten gut genug in diesem Pokerspiel? Ich war nicht ganz sicher.

Die gegenseitige Sympathie zwischen Peppy und mir war gleich spürbar.

Drei Tage später kam der Anruf. Es war Freitagmorgen. Sofort fuhr ich mit dem Pferdegespann los. Am Nachmittag stand ich mit Peppy bereits auf meinem Reitplatz. Wir hatten miteinander keine Probleme. Die gegenseitige Sympathie war spürbar. Den Belohnungston, den Schlüssel zum Pferd, hatte er in wenigen Minuten erlernt. Nach den von mir entwickelten Dominanzübungen lief er mir, ohne geführt zu werden, voll Vertrauen nach. Willig ließ er mich aufsteigen, was ich sofort mit einer Karotte belohnte. Das leichte Schnurhalfter, mit dem Pferden keine Schmerzen zugefügt werden können, schien ihm zu behagen. Er fühlte keine Eisenstange im Maul, mit der er schon so böse Erfahrungen gemacht hatte. So war sein Rückwärtsgehen beim Anreiten auch nur ein kläglicher Versuch. Sofort nahm er meine Dominanzübungen im Sattel an.

Hunderte Pferde hatte ich auf diese schmerzlose Weise schon korrigiert, sind doch die Pferde, die sich nicht brechen lassen, die Besten. Entscheidend ist das Wissen, wie ich die nötige Dominanz über das Herdentier Pferd ohne Einsatz von Schmerz erreiche. Er löst das Feindbild und dadurch das gefürchtete Wehrverhalten dieser Tiere aus, wie Steigen, Buckeln, Beißen, Schlagen und Durchgehen. Das schaffte Peppy sogar rückwärts. Dabei ist es so einfach, wenn man die Psyche und Verhaltensweise der Pferde kennt.

Nach nur einer Stunde waren wir eine Einheit geworden. Ich entschloß mich, Peppy am nächsten Tag bereits bei einem Auftritt am »Tag der offenen Tür« im Augsburger Tierheim einzusetzen.

Peppy ging willig in den Hänger. Er hatte am Vortag schon gelernt, daß ihn nach dem Betreten dieser wackeligen Angelegenheit eine gehörige Portion Karotten erwartet.

Als wir gerade losfahren wollten, hielt neben mir ein Auto. Heraus stieg die ehemalige Besitzerin von Peppy. Sie wollte sich angeblich nach dessen, ich vermute jedoch, nach meinem Wohlbefinden erkundigen. Ich sagte:

»Sie können gleich zum Auftritt mitfahren.«

»Kann ich noch schnell nach Peppy schauen?«, fragte sie.

Ich antwortete:

»Den habe ich dabei!«

Lachend schaute sie in den Hänger und erstarrte zu Stein.

»Ist das ein Witz?«, brachte sie heraus.

Sie fuhr zum Auftritt mit.

Werner Bongratz, der Vorsitzende des Augsburger Tierschutzvereines, hätte es nicht geglaubt, wenn die Vorbesitzerin es ihm nicht bestätigt hätte. Peppy stand seinem Vorgänger Spitzbub in nichts nach. Er ging nicht, nein, er tanzte zur Musik, drehte sich und bewegte sich zwischen dem Publikum so sicher und ruhig, als hätte er nie etwas anderes getan. Willig nahm er die Paraden an, die ich ihm mit zwei Fingern mit dem »Bändele« gab. Eine Körperdrehung von mir genügte. Peppy war zu meinen Beinen geworden. Die von mir ausgestrahlte Sicherheit übertrug sich auf ihn. So waren die Musik und die Menschen für ihn so selbstverständlich wie für mich.

Heute reite ich Peppy ohne Zügel in allen Gangarten im freien Gelände.

Heute reite ich Peppy ohne Zügel in allen Gangarten im Gelände und wenn es sein muß durch jede Großstadt. Er hat mir als Ranghöherem am Boden und im Sattel das Sicherheitsdenken überlassen, so wie auch eine Herde dem Leittier bei Gefahr selbst in den Tod folgt, sollte dieses auf der Flucht in einen Abgrund springen.

Peppy kann wie sein Vorgänger Treppensteigen und Aufzug fahren. Auch er genießt es, wenn er mich in meiner großen Wohnstube am offenen Kamin ab und zu besuchen darf. Die Sichtverbindung zwischen Wohnzimmer und Stall gefällt uns beiden.

Auch bei Peppy stelle ich immer wieder das gleiche wie bei Spitzbub fest: Wenn ich neben dem offenen Kamin gemütlich im Sessel sitze, schaue ich ab und zu durch das Fenster in den Stall. Just in diesem Augenblick hat auch Peppy »zufällig« das Fressen unterbrochen und schaut mir ebenfalls in die Augen.

Manchmal meine ich, es sind die Augen meines alten Freundes Spitzbub. Aber das ist sicher eine Täuschung.

Dabei fällt mir gerade noch ein. Das zweite Pferd, das mit Peppy aus Amerika eingeführt worden war, kaufte der Besitzer des Reitstalles, ein ehemaliger Bayerischer Meister im Military-Reiten. Dieses Pferd war, dank der brutalen Ausbildung, die auch dieses arme Pferd über sich ergehen lassen mußte, ebenfalls so verdorben, daß es sich mit dem neuen Besitzer rückwärts überschlug und den Reiter unter sich begraben hat. Er muß seither ein Gipskorsett tragen, um die verletzte Wirbelsäule zu stützen. Reiten kann dieser ehemalige Meister zu Pferde nun nicht mehr.

Analyse

Freundbild

Bevor ich ein fremdes Pferd reite, lehre ich ihm mit einer von mir entwickelten Übung einen Belohnungs-und Beruhigungston. Damit werde ich sofort in das Freundbild und das Freundverhalten des Pferdes aufgenommen. Das Beispiel von Peppy zeigt uns, wie schnell das Wehrverhalten überwunden werden kann.

Pferde sind als Fluchttiere friedliche Lebewesen, denen die Natur zur Erhöhung ihrer Überlebenschancen ein ausgeprägtes Wehrverhalten mitgegeben hat. Dieses darf vom Reiter nicht geweckt werden. Ohne Schmerzeinwirkung auf das Pferd wird er sich immer im Freundbild, zu dem auch das Dominanzverhalten gehört, befinden.

Sympathie

Beim Kauf eines Pferdes sollte auf die »Stimme des Herzens« gehört werden.

Beim Kauf eines Pferdes sollte die Entscheidung niemals von Äußerlichkeiten wie Schönheit und Farbe abhängig gemacht werden. Wichtiger ist, daß Pferd und Mensch zusammenpassen. Wenn wir einem fremden Menschen begegnen fühlen wir Sympathie oder Antipathie, auch wenn wir noch kein Wort miteinander gesprochen haben. Diese Gefühle ändern sich meist auch durch längeres Zusammensein nicht.

Zwischen Pferd und Mensch sind die gleichen Vorgänge festzustellen. Deshalb sollte beim Kauf eines Pferdes mehr auf das »Gefühl im Magen« und auf die »Stimme des Herzens« gehört werden. Man spürt beim Blick in die Augen des Pferdes, ob es paßt oder nicht. Wie viele Dominanzprobleme könnte man sich damit ersparen!

Wie oft erleben wir, daß Pferde auf der Koppel ihrem Herrn nicht entgegen laufen, sondern davon rennen. Wie soll da eine beiderseitige Harmonie im Sattel entstehen? Die Ratio ist also nicht immer der beste Ratgeber.

Mitgefühl und Willensübertragung

Das Pferd weiß um Dich.

Das Wissen um das Mitfühlen eines Pferdes ist für den Reiter eine der wichtigsten Erkenntnisse. Es ist für mich eine gewohnte Übung, mich auf dem Rücken eines Pferdes zwischen oft tausenden von Menschen zu bewegen. Diese Selbstverständlichkeit, meine Souveränität und mein Wille übertragen sich auf das Pferd. Es spürt die Gefahrlosigkeit der Situation. Dies ist auch der Grund, warum bei all den vielen Auftritten bis heute noch kein Schaden entstanden ist, denn Tiere sind berechenbar. Das geringste Angstgefühl meinerseits würde jedoch Unsicherheit und Panik bei Peppy auslösen.

Das Pferd weiß um Dich.

ADANO TODES-KAMPF

Das schreckliche Erlebnis mit diesem 1,70 Meter großen und kräftigen Hannoveraner zeigt uns, daß Pferde nicht nur durch Schmerzeinwirkung gebrochen werden können.

Was war passiert: Adano stand mit mehreren Pferden auf der großen Weide eines benachbarten Pferdehofes. Ein breiter Bach war die Trennlinie zwischen zwei Koppeln. Die Pferde hatten ihn immer respektiert, wissen wir doch, daß diese in der Natur bereit sind, lieber einen Umweg von zehn und mehr Kilometern in Kauf zu nehmen, als über einen ein Meter breiten Graben zu springen.

Es begann eine lange Regenperiode, und der Uferstreifen des Bachs versumpfte zunehmend. In der Nähe hatte Adano ein besonders gutes, mit viel Klee bewachsenes Wiesenstück entdeckt. Carlo, das ranghöchste Tier in der Herde, nahm seine ihm zustehenden Privilegien auf die besten Futterplätze in Anspruch und näherte sich mit böse angelegten Ohren von hinten dem ahnungslos fressenden Adano.

Plötzlich, mit der Aggression des Leittieres konfrontiert, machte Adano einen gewaltigen Satz, leider in die falsche Richtung. Er steckte bis zu den Fesseln in dem sumpfigen Uferstreifen des Baches.

Die Angst steigerte sich bei Adano sofort zur Panik. Er arbeitete sich immer tiefer in den grundlosen Boden.

Wer schon einmal unversehens mit seinem Pferd in einen moorähnlichen Untergrund geritten ist, kennt die kopflose Reaktion. Die Angst steigerte sich bei Adano sofort zur Panik. Er arbeitete sich immer tiefer in den grundlosen Boden, bis er mitten im Bach bis zum Bauch im Schlamm eingesunken war. Verzweifelt hob er seinen Kopf über das siebzig Zentimeter hohe Wasser heraus. Wir waren sofort zur Stelle und versuchten ihm zu helfen. Es war furchtbar! Wir schlangen Seile um seinen Hals, zogen am Stallhalfter, doch der gemeinsame Kampf, dem Sumpf zu entrinnen, war aussichtslos. Kaum hatte er ein Bein halbwegs befreit, stak er schon wieder in der nächsten Sekunde wie eingemauert in dem saugenden Morast. Mit Todesangst in den Augen kämpfte er, bis nach fünfzehn Minuten seine allerletzte Kraft erschöpft war.

Er gab auf. Er war bereit zu sterben. Ermattet tauchte sein Kopf immer wieder unter. Zum Glück sanken wir Menschen am Ufer nur bis zu den Knöcheln ein, und so konnte ich ihm den schwer gewordenen, entkräfteten Kopf über Wasser halten. Der panische Blick war einem stumpfen, gebrochenen Augenausdruck gewichen. Ich glaube nicht, daß er noch etwas gespürt hat.

Mittlerweile war die Feuerwehr eingetroffen, und mit vereinten Kräften konnten wir Adano zwei Feuerwehrschläuche unter dem Bauch hindurchschieben. Mit zehn Personen waren wir nun endlich in der Lage, dieses zwölf Zentner schwere Pferd Zentimeter für Zentimeter aus seinem furchtbaren »Gefängnis« zu befreien. Ich hatte Angst, daß die senkrecht im Moor steckenden Beine brechen könnten, als wir ihn seitlich aus dem Bach zogen. Doch endlich lag er auf festem Untergrund. Bewegungslos. Er hatte seine letzten Kräfte mobilisiert und war nun am Ende. Der Lebenswille war gebrochen.

Zehn Minuten dauerte es, bis seine Lebensgeister zurückkehrten. Mit unserer Hilfe versuchte er aufzustehen. Es dauerte lange, bis er endlich, nach mehrmaligen vergeblichen Versuchen, mit zittrigen und wackligen Beinen dastand. Erst Stunden später hatte er sich wieder so weit erholt, daß er zaghaft begann, etwas Futter aufzunehmen.

Es waren für Adano, das Pferd meines besten Freundes Werner Knittel, sicher die schlimmsten Minuten seines Lebens. Fünfzehn Minuten Todesangst, bis die Gesetze der Natur ihn durch Gefühllosigkeit erlösten.

Auch ich erlebte gravierende Minuten der Hilflosigkeit und Verzweiflung. Ich werde den Augenausdruck von Adano niemals vergessen, aus dem ich alle Not der Welt herauslesen konnte, ohne ihm helfen zu können.

Analyse

Aufgabe und Todeserwartung

Wie man aus der Geschichte von Adano ersehen kann, wird die im angestammten Feindbild vorhandene Aufgabe des Lebenswillens in Todeserwartung nicht immer durch ein Raubtier ausgelöst, sondern ist situationsbezogen.Schmerz ist nur eine Ursache, die das im Feindbild typische Panikgefühl auslösen kann. Auch Zwangszustände, die auf die Psyche eines Pferdes wirken, können die gleiche Reaktion hervorrufen.

Adano war schon so gut wie tot.

Panik, durch Schmerz ausgelöst

Wir kennen alle das Verhalten eines Pferdes, sollte dieses sich an einem Stacheldraht verletzen. Das Fluchttier wird nicht vorsichtig zurücktreten, sondern durch den Schmerz ausgelöst, in einem unkontrollierten, panischen Verhalten versuchen, durch den Draht zu rennen. Ich habe ein Pferd gesehen, das mit einem zwanzig Meter langen Stacheldraht, an dem noch zwei Weidezaunpfosten hingen, fünf Kilometer gerannt war, bis es entkräftet zusammenbrach und verblutete.

Bei der Gelegenheit möchte ich auch gleich feststellen, Stacheldraht gehört auf keine Pferdekoppel. Die Verletzung eines Pferdes ist sonst vorprogrammiert.

Panik, durch Zwangszustände ausgelöst

Das Anlegen eines schmerzfreien Fellgurtes um die Flanken eines Pferdes genügt, um es in Panik zu bringen.

Zwangszustände, die auf die Psyche eines Pferdes wirken, kennen wir von den »bucking-horses« bei Rodeos. Das Anlegen eines schmerzfreien Fellgurtes um die Flanken eines Pferdes genügt, um es in Panik zu bringen. Das ist darauf begründet, daß am Ende der Rippen die Organe im Inneren ungeschützt sind. Darum reagieren Pferde bei der Berührung dieser Körperteile besonders sensibel. Im Gegensatz dazu kann ein Sattelgurt ohne negatives Verhalten eines Pferdes stark angezogen werden. Die Organe in diesem Bereich liegen in dem geschlossenen Gehäuse der ersten acht Rippen, dem Brustkorb, der mit dem Brustbein verwachsen ist.

Darum ist es auch sinnlos, den treibenden Absatz am oder kurz hinter dem Sattelgurt anzulegen. Pferde sind dort nicht sensibel. Dreißig Zentimeter dahinter beginnt der offene Rippenbogen, wo Pferde auf die leichtesten Schenkelhilfen reagieren.

Rutschende Sättel können bei Pferden die gleiche Reaktion auslösen wie ein Rodeogurt. Ich habe Pferde erlebt, die mit einem am Bauch hängenden Sattel gerannt sind, bis sie entkräftet zusammenbrachen oder den Sattel mit den Hinterhufen zertrümmert hatten.

Aufgabe des Lebenswillens

Das Panikgefühl bewirkt im Körper den Ausstoß des körpereigenen Dopingmittels Adrenalin. Dieses bewirkt die Mobilisierung aller Kräfte und Kraftreserven eines Lebewesens.

Normalerweise hält der Körper die Kräfte, die er zum Überleben braucht, zurück. Durch den Selbsterhaltungstrieb wird jedoch bei Gefahr, durch das Gefühl der Panik, Adrenalin erzeugt, das bis zum Zusammenbruch des Organismus alle Kräfte mobilisiert. Nur so bleibt im harten und gnadenlosen Kampf der Natur die Chance zum Überleben – eine Tatsache, die sich auch die Wölfe in den weiten verschneiten Steppen Rußlands zunutze machen. Sie halten in dem Verband einer Wolfsmeute abwechslungsweise die Pferde so lange in Panik, bis das schwächste Tier der Herde entkräftet zusammenbricht und eine wehrlose Beute für diese Raubtiere wird.

Wie schon in der Geschichte »Arbeitspferde« beschrieben, basiert auch der Erfolg beim Einbrechen eines Pferdes auf dieser Grundlage. Da dabei immer das Gefühl Todesangst im Spiel ist, muß das Einbrechen der Pferde von jedem Tierfreund abgelehnt und verurteilt werden.

HONEY
DOMINANZ

*S*o süß und gesund ihr Name klingt, so ungesund war der Umgang mit ihr. Honey, ein vierjähriges Quarterhorse, mit den besten Papieren ausgestattet, war lebensgefährlich.

Elke hatte mit 26 Jahren entdeckt, daß das Glück der Erde auf dem Rücken der Pferde liegt. Der Wunsch, ein eigenes Pferd zu besitzen, sollte schon bald in Erfüllung gehen. Als unerfahrene Reiterin wurde ihr der Kauf eines Quarterhorses empfohlen, das unkomplizierteste Freizeitpferd der Welt, wie ihr gesagt wurde. Eine hübsche, allerdings noch ungerittene Fuchsstute, hatte es Elke angetan. 16 000 Mark, ihr ganzes Erspartes, wechselte den Besitzer und machte Elke zum glücklichsten Menschen der Welt. Ein Reitstall war bald gefunden, und die Reitlehrerin war gerne bereit dieses Pferd einzureiten. Sie hatte angeblich darin viel Erfahrung. Damit begann die Tragödie.

*A*ls Elke ihr Pferd Honey zu mir in das *Bundesausbildungszentrum für Natürliches Reiten* nach Dasing brachte, war diese Stute derart verdorben, daß sie unter dem Sattel beim Anlegen des Schenkels nur noch buckelnd und steigend explodierte und sich rückwärtsgehend dem Reiterwillen entzog. In der Box hatte sie schon zwei Menschen krankenhausreif geschlagen.

Was war passiert? Die Dokumente fanden wir im Handgepäck von Honey. Elke hatte als Erinnerung an das Zureiten ihres Pferdes einen Videofilm mit allen Details gedreht.

*A*ls unerfahrene Reiterin vertraute Elke natürlich beim Einreiten ihres Pferdes der Erfahrung der Reitstallbesitzerin. Das erste Aufsitzen ohne Sattel und nur mit einem Seil um den Hals ließ sich Honey ohne jegliche Probleme gefallen. Nun wurde bereits der erste Fehler begangen, der sich katastrophal auswirken sollte. Fordernd wurde der Absatz zum Anreiten an den sensiblen Pferdebauch angelegt. Die Wirkung war gleich Null. Woher soll ein rohes Pferd auch diese treibende Hilfe kennen? Es ist den Pferden doch nicht angeboren, daß der angelegte Absatz »vorwärts« bedeutet. Auf das energische Klopfen konnte man bereits ein Verspannen erkennen, die ersten Ansätze zum Buckeln. Erst nach mehrmaligen Versuchen trug dieses unerfahrene Pferd die Reiterin geduldig durch die Reitbahn.

Honey mit Conny, der Tochter von Fred Rai. Das Perd hat wieder Vertrauen zu den Menschen – deutlich erkennbar an der Ohrenstellung »Wohlbefinden«.

Am nächsten Tag wurde es ernst. Mit scharfen Sporen bewaffnet, mit Trense und Martingall, wollte man dem »ungehorsamen« Pferd schon zeigen, wer hier das Sagen hatte.

Beim ersten Einsatz der scharfen Sporen, in Großaufnahme gefilmt, setzte sich Honey, leicht nach hinten ausschlagend, mit angelegten Ohren in Bewegung. Parade, sie stand. Beim nächsten Einsatz der Sporen konnte man schon ein unwilliges Grillen von Honey hören, was wiederum mit einem Sporenstich beantwortet wurde. So schaukelten sich die beiden, mittlerweile zu Feinden geworden, hoch.

Steigend versuchte Honey die Reiterin an dem Vordach eines Gebäudes abzustreifen und knallte mit ihren zierlichen Hufen beim panikartigen Ausschlagen krachend in die Planken der Umzäunung. Eine Wunde an der Stirn des Pferdes war ein weiterer sichtbarer Schaden auf die Schmerzeinwirkung der Reiterin. Die Verletzung ist langsam wieder verheilt. Den seelischen Schaden jedoch wird Honey bis an ihr Lebensende mit sich herumtragen.

Doch erspart mir die Details, sie stimmen mich maßlos traurig, was das Pferd betrifft – und zornig gegenüber der Reiterin. Jeder kann sich den Film einmal in Dasing betrachten und sich ein eigenes Bild davon machen. Eine Szene muß ich allerdings noch schildern, die mir sofort vor meinem geistigen Auge erscheint, wenn ich an Honey denke:

Honey wurde für die Nichtannahme der Schenkelhilfe bestraft, die sie nie gelernt und deshalb auch nie verstanden hatte.

Um den angeblichen »Ungehorsam« dieses »sturen« Pferdes zu bestrafen, zog diese unfähigste aller unfähigen Reitlehrerinnen Honeys Kopf mit Hilfe des viel zu kurz geschnallten Hilfszügels nach hinten. In dieser hilflosen Stellung des Tieres erfolgte nun die Bestrafung. Tief bohrten sich die scharfen Sporen in das Fell und wurden dann genüßlich mehrfach von unten nach oben in die empfindlichen Weichteile der Flanke gepreßt.

So schrecklich dieses Bild für jeden Pferdefreund ist, noch grauenvoller wirkte der hilflose und gequälte Blick auf mich, mit dem Honey die Reiterin anschaute. So, als wollte sie fragen:

»Was mache ich denn falsch? Was habe ich bloß getan, daß Du mich so quälst?« Als Antwort kamen immer wieder die Sporen. Das unerfahrene Pferd wurde für die Nichtannahme der Schenkelhilfe bestraft, die es nie gelernt und deshalb auch nie verstanden hatte. Doch Honey ließ sich nicht brechen. Sie lernte, sich mit Buckeln und Steigen zu widersetzen, und merkte schon bald, daß sie die Oberhand und die Dominanz über die Reiterin bekam, deren Grenzen schnell erreicht waren.

Nur sechsmaliges Reiten genügte, um Honey zu einem gefährlichen »Verbrecher« zu machen. Sie hatte gelernt, sich wütend mit Rückwärtsgehen, Steigen und Buckeln gegen den Reiter im Sattel durchzusetzen. Begleitet wurde dieses Wehrverhalten von einem ständigen zornigen Grillen.

Was im Stall alles passiert war, kann ich nicht nachvollziehen. Tatsache ist aber, daß Honey wie ein gereizter Tiger reagierte, wenn man ihre Box betrat. Sie ging nicht nur zähnefletschend mit angelegten Ohren auf den Menschen los, sondern warf sich auch blitzartig mit der

Hinterhand herum, um gezielt den neben ihr stehenden Menschen mit den Hufen zu treffen. Dies hat sie auch einige Male erfolgreich praktiziert. Ihren Bauch zu berühren war lebensgefährlich, und vom Aufheben der Beine wollen wir erst gar nicht reden.

Elke trifft als Anfängerin keine Schuld, sie mußte sich auf die angeblich erfahrene Reitlehrerin verlassen. Sie war verzweifelt, denn allen war es jetzt zu gefährlich, dieses Pferd nochmals zu reiten. Helmut, der Besitzer eines großen Reitsportgeschäftes, der schon einige Kurse bei mir absolviert hatte, empfahl mich als »letzte Rettung«. So landete Honey, dieser »hoffnungslose Fall«, in meinem Ausbildungszentrum.

Ich habe schon viele verdorbene Pferde korrigiert, immer waren die Fehler der Pferde leichter zu beheben als die Fehler der Reiter. Es liegt immer am Reiter, niemals am Pferd. Nicht der Mensch hat ein Problem mit dem Pferd, sondern das Pferd hat ein Problem mit dem Menschen. Honey war nicht nur mein schwierigstes Pferd, es ist auch das einzige, von dem ich Dokumente besitze, wie es verdorben wurde.

Nicht der Mensch hat ein Problem mit dem Pferd, sondern das Pferd hat ein Problem mit dem Menschen.

*E*in Anruf genügte, und ein Team des Fernsehens wollte die Korrektur dieses Pferdes dokumentieren. Am nächsten Morgen begannen die ersten Arbeiten. Es war sehr schwierig, mein Vorgehen über das angesteckte Mikrofon ständig zu kommentieren und mich gleichzeitig voll auf das Pferd zu konzentrieren. Jede Sekunde Unachtsamkeit konnte lebensgefährlich werden.

In der Box wurde ich mit drohend angelegten Ohren begrüßt. Dank der Jahrzehnte langen Erfahrung mit verdorbenen Pferden kenne ich das Gefühl der Angst nicht. So traute Honey sich nicht, mich zu beißen. Aber eine Berührung des Rückens war ihr schon zuviel. Wie ein Schwein quiekend sprang sie mir pirouettenartig entgegen und feuerte wie der Blitz nach mir aus. Ich hatte mit dieser Reaktion gerechnet, wich aus, so daß ihre knallharten Hufe an die Stelle der Stallwand krachten, an der ich gerade noch gestanden hatte – eine nicht gestellte, sehr wirkungsvolle Szene in der Fernsehdokumentation.

Ich legte ihr mein Schnurhalfter an. Nur mit diesem arbeite ich mit Pferden. Das Geheimnis dabei ist, daß ich den Pferden mit dieser gebißlosen Zäumung keine Schmerzen zufügen kann. Ich bin damit aber in der Lage mich durchzusetzen, was mir mit einem Stallhalfter nicht möglich wäre. Das Überstreifen des »Bändeles« erfolgte mit einer Selbstverständlichkeit, die kein Wehrverhalten bei Honey zuließ.

Ich begann mit den Übungen zum Erlangen der Dominanz am Boden, denn diese war mittlerweile überdeutlich auf dieses Pferd übergegangen. Jedes Festhalten gegen ihren Willen wurde von Honey mit einem wütendem Quieken quittiert. Doch ich bot ihr Paroli. Pferde sind uns körperlich überlegen, wir Menschen ihnen aber geistig, sofern wir nur bereit sind, unseren Verstand auch zu benutzen.

*D*ie gesamte Vorgehensweise zum Erlangen der Dominanz am Boden, ohne Schmerzeinwirkung auf das Pferd, sprengt den Rahmen dieser Abhandlung. Die Dominanz am Boden innerhalb einer Stunde ist nämlich das wichtige Thema meines nächsten Buches.

Tatsache ist, daß Honey nach dreißig Minuten nicht mehr wiederzuerkennen war. Sie akzeptierte meine Führungsrolle, lief mir, ohne festgehalten zu werden, wie ein treuer Hund hinterher und fühlte sich in meiner Nähe geborgen und sicher. Sie wehrte sich nicht mehr gegen die Berührung ihres Körpers und ließ sich sogar willig die Hinterbeine aufheben, was eine halbe Stunde vorher noch lebensgefährlich war. Die Voraussetzungen zum Reiten waren geschaffen. Es gab keine Unruhe beim Auflegen des nur sieben Kilogramm leichten Westernsattels.

Nur sieben Kilogramm wiegt der für Pferd und Reiter sehr schonende Westernsattel »Saddle-King«.

Diese, für Pferd und Reiter bequeme Neuentwicklung für das »Pleasure-Reiten« , der sogenannte »Saddle-King«, ist durch sein geringes Gewicht und den guten Sitz äußerst pferdeschonend. Auch bei langen Ritten tritt selbst bei Anfängern kein Muskelkater auf. Dieser schöne Westernstattel paßt mit Sicherheit auf jedes Pferd. In den fünf Jahren, die wir den Sattel schon einsetzen, hatten wir bei meinen sechzig Pferden in Deutschland und Amerika, noch kein Sattel- oder Rückenproblem.

Durch den Belohungston lernte Honey sehr schnell, daß kein Feind, sondern ein Freund auf ihrem Rücken saß. Die große Schwierigkeit war nun, ihr die Angst vor dem Schenkel und das Wehren gegen den Schenkel zu nehmen, und ihr die Annahme des Schenkels beizubringen. Die wichtigste und schwierigste Aufgabe jedoch war es, die Dominanz über dieses psychisch so starke Pferd zu bekommen, nachdem es gelernt hatte, sich mit großer Wut jedem Reiterwillen zu entziehen.

Ich stellte mir immer wieder die Frage: Gibt es irgend ein Verhalten verdorbener Pferde, ob Steiger, Buckler oder Durchgänger, das identisch ist? Ein gleiches Verhalten dieser Pferde, mit dem sie in der Lage sind, ihren Willen gegen den Reiter durchsetzen zu können?

Ich habe es gefunden. Es ist so einfach. Oft sind die richtigen Lösungen so schwer zu finden, weil sie unkompliziert sind.

»*Gefahr erkannt, Gefahr gebannt*«, ist ein altes Sprichwort. So hatte ich bei meiner Erfahrung bald Übungen entwickelt, mit denen ich bei jedem Pferd die Dominanz im Sattel, auch ohne Schmerzeinwirkung, innerhalb von dreißig Minuten erreiche. Niemals zeigen sie dabei ihr gefürchtetes Wehrverhalten. Schwierigste Pferde sind anschließend nicht wieder zu erkennen. Sie wollen plötzlich nicht mehr über den Reiter herrschen, sondern diesem dienen. Sie fühlen sich unter der Führungspersönlichkeit des Reiters geborgen, und selbst Durchgänger können nur mit Kreuzhilfe, ohne Zügeleinsatz, angehalten werden.

So auch bei Honey. Nur einen zaghaften Buckler versuchte sie, bis sie fühlte, keinen Feind auf ihrem Rücken zu haben. Nach zwanzig Minuten nahm sie die weich angelegten Schenkel als treibende Hilfe an. Volten und Schlangenlinien konnte ich nur mit Körperdrehungen und leichten Zügelhilfen reiten und zu einer Parade genügten zwei Finger. Das Fernsehteam war begeistert.

Zwei Wochen später war der nächste Drehtermin angesagt, um die Fortschritte mit Honey festzuhalten. Das Resultat machte mir selbst sehr viel Freude. Honey ging unter mir völlig willig, bog sich harmonisch in Volten und Schlangenlinien – und dies alles ohne jegliche Zäumung. Ich hatte ihr mein »Bändele« abgenommen. Am schönsten war nach einem runden Galopp die traumhafte Parade, nur mit Kreuzeinwirkung. Daß ich mittlerweile die Hinterhand umarmen und unter den Beinen durchschlüpfen konnte, zeigte ich als Zugabe.

Beim abschließenden Drehtermin nach vier Wochen, begleitete mich das Filmteam ins Gelände. Im Schritt, Trab und Galopp, mit durchhändendem Zügel ritt ich durch die herrliche Landschaft. Die Aufnahmen vom fahrenden Auto aus gemacht, werden alle begeistern.

Wen wundert es, daß ich dabei anfing, eines meiner selbst komponierten Lieder zu singen. Singend ritt ich mit Honey danach auch zu einem Auftritt vor fast 300 Zuschauern in den Saloon meiner Westernstadt ein. Welches Lied hätte dazu besser gepaßt als:

»*Wer die Menschen kennt, lernt die Pferde lieben.*«

Wer die Menschen kennt, lernt die Pferde lieben.

Honey war nur eines von vielen Pferden, die in unser Bundesausbildungszentrum für *Natürliches Rai-Reiten* zur Korrektur oder zur Ausbildung gebracht werden.

Die Arbeit mit dem Pferd ist das eine – entscheidend ist aber, daß auch der Reiter bereit ist zu lernen, dem Pferd die nötige Dominanz zu geben. Er muß lernen, ohne Einsatz von Schmerz zu reiten und trotzdem die Führungspersönlichkeit für das Pferd zu sein.

Dreißig, fünfzig und noch mehr Fahrstunden werden investiert, um die Beherrschung eines Autos zu erlernen, obwohl dieses »gefühllose Fortbewegungsmittel« nur mechanisch reagieren kann.

Aber wer ist schon bereit, den gleichen Aufwand in seine Ausbildung als Reiter zu investieren? Dabei haben wir es hier nicht mit einer toten Maschine zu tun, sondern mit einem agierenden und reagierenden Lebewesen. Wenn Reiter und Pferd zu einer harmonischen Einheit verschmelzen sollen, ist das praktische Reiten, und die Kenntnis der Psyche und Verhaltensweise der Pferde Voraussetzung. Der Erfolg der Reitkurse und Seminare unseres Ausbildungszentrums gibt uns recht.

Bis heute konnten wir jedes Pferd korrigieren. So können wir wohl für die Pferde, nicht aber für die Reiter garantieren – denn Pferde können nicht falsch sein und nur so reagieren, wie sie veranlagt sind.

Analyse

Verhaltens-Struktur

Wenn wir die Geschichte von Honey analysieren, werden wir mit dem gesamten Verhalten eines Pferdes konfrontiert, das ich in der Verhaltens-Struktur der Pferde erarbeitet habe:

Feindbild

Zunächst bewegte sich der Mensch im Feindbild des Pferdes, ausgelöst durch den Einsatz von unberechtigter Bestrafung mittels scharfer Sporen und hartem, falschem Einsatz des Gebisses.

Durch das Lehren des Belohnungstons und des schmerzfreien Umgangs wurde ich von Honey sehr bald in das Freundbild aufgenommen. Somit war ich nur noch mit dem Dominanzverhalten konfrontiert und nicht mehr mit dem unkontollierten Panikverhalten.

Gefühle

Die wichtigste Schaltstation einer Handlung ist das Gefühl. So haben wir es bei obigen Vorgängen mit einer Reihe von Gefühlen zu tun. Das sich im Feindverhalten befindende Gefühl der Panik konnte auf das im Freundverhalten zu findende Gefühl Angst reduziert werden. Durch das Erreichen der Dominanz wandelte sich die zunächst vorhandene Wut bei »Nichtgehorsam des Menschen« in das Gefühl der Geborgenheit. Das Mitgefühl zwischen Mensch und Tier spielte hier ebenfalls eine entscheidende Rolle. Meine Furchtlosigkeit, meine Wut, die sich schon bald in Zuneigung wandelte, mein eiserner Wille, aber auch das reiterliche Können sind Voraussetzungen, die nicht jeder Reiter mitbringt.

Es gibt drei Stufen des reiterlichen Könnens:

1. Ein Pferd zu reiten
2. Ein Pferd auszubilden
3. Ein Pferd zu korrigieren

Es ist entscheidend bei der Korrektur eines Pferdes, bis an die Grenzen zu gehen.

Nur wenige Reiter haben das Können und das Wissen, die psychische Voraussetzung und die Sensibilität, bereits den Ansatz eines Wehrverhaltens zu spüren, bevor dieses ausbricht. Es ist entscheidend bei der Korrektur eines Pferdes, bis an die Grenzen zu gehen, damit diese sich immer weiter nach hinten verschieben. Die von mir dazu entwickelten Übungen müssen solange wiederholt werden, bis die erlernten Untugenden durch neue, gute Erfahrungen verdrängt sind.

Vergessen wird ein Pferd schlechte Erfahrungen nie. Werden die alten Fehler wiederholt, brechen die gleichen Untugenden sofort wieder aus. Deshalb ist die Korrektur, vor allen Dingen aber die theoretische Ausbildung des Reiters, von gleichrangiger Bedeutung wie die Arbeit mit dem Pferd. Der Reiter muß erkennen:

1. was mache ich falsch
2. warum ist dies falsch
3. wie mache ich es richtig
4. warum ist dies richtig

Ich mag nicht *glauben*, wenn es um das Reiten geht, ich will *wissen,* warum ich was zu tun habe. Alles unterliegt in unserem Universum den klaren Gesetzen der Logik. Wer will mir verübeln, diese auch anzuwenden.

*D*REI-KÖNIGSBUB MITGEFÜHL UND HEIMWEH

*E*s hat schon seinen Grund, warum ich die Geschichte dieses treuen Freundes an den Schluß meines Buches stelle. Hoffentlich rüttelt sie viele Pferdebesitzer auf, damit sie erkennen, daß diese treuen Pferde ein Recht auf die Versorgung im Alter besitzen. Oft haben sie ihre ganze Kraft und ihre Gesundheit den Menschen geopfert.

*M*eine Geschichte mit Dreikönigsbub beginnt erst, als sein Leben schon fast zu Ende war.

Feuchtkaltes unfreundliches Wetter empfing mich, als ich morgens mein Haus in der Westernstadt Dasing verließ. Der Nieselregen paßte zu meinen Gefühlen, die geprägt waren von einem Film des Bayerischen Fernsehens am Vorabend. Gezeigt worden war ein Schlachttransport von sechzehn Pferden nach Italien. Empörung, endlose Trauer und Mitleid mit den gequälten Tieren ließen mich an diesem Morgen zum Ausgangspunkt ihres mörderischen Leidensweges fahren.

An jedem ersten Samstag im Monat findet im Schlachthof der Millionenstadt München ein Pferdemarkt statt. Das Fotografierverbot an der Kasse, wo ich meinen Obolus entrichtete, ließ mich Unerfreuliches ahnen. Ein unvorstellbar geschäftiges Treiben empfing mich beim Betreten der riesigen Halle. Der für mich so erfreuliche Geruch von lebenden Pferden vermischte sich mit den Rauchschwaden von Grillständen, die tote Tiere in Form von Pferdewurst als Delikatesse anboten. Der rege Zuspruch, den diese Spezialitäten bei den angeblichen Freunden dieser Gattung Tier fanden, erschütterte mich zutiefst.
Als Vegetarier ist es für mich eine Selbstverständlichkeit meine Freunde, die Tiere, nicht zu essen. Bei aller Toleranz fehlt mir aber jedes Verständnis dafür, daß sogenannte Pferdeliebhaber, Halter oder Reiter in der Lage sind, das Tier zu verspeisen, das ihnen jahrelang in aufopferungsvoller Treue gedient hat.
In der Halle blickt man in die fröhlichen Gesichter von Menschen, denen der Jugendtraum, ein eigenes Pferd zu besitzen, endlich in Erfüllung ging. Natürlich freut man sich beim Betrachten rassiger Pferde, denen man ansieht, daß sie ihre Jugendzeit ausgelassen auf großen Fohlenweiden verbringen durften.

Wenn ich Bubi besuche, sehe ich in seinen Augen Dankbarkeit – aber vielleicht täusche ich mich?

*G*eprägt aber wird die Szene und Atmosphäre von Pferden, die am Ende ihres Weges angekommen sind – eines Weges, der oft hart und voller Schmerzen war. Als Sport- oder Arbeitspferde haben sie ihre Knochen und ihre Gesundheit geopfert. Als Rennpferde, mit schmerzbringenden Hilfsmitteln bis zur Erschöpfung angetrieben, hatten sie ihrem Herrn oft viele tausende von Mark verdient. Trotz der ertragenen Strapazen konnten sie sich das bißchen Wasser und Gras nicht verdienen, das sie zu ihrem Ruhestand benötigen.

Ausgedient und erschöpft wird ihnen nicht einmal ein schneller Tod mit dem in Deutschland üblichen Schußapparat zugestanden. Der Münchner Pferdemarkt ist einer der Plätze, wo diese bemitleidenswerten Kreaturen von brutalen Händlern für die Schlachttier-Transporte in den Süden Europas aufgekauft werden. Den Tieren steht ein Leidensweg bevor, der an Brutalität nicht zu überbieten ist: bei Hitze und Kälte, vier Tage, oft ohne Wasser und Futter, in enge Transporter gepreßt.

Bei Schlachttier-Transporten steht den Pferden ein Leidensweg bevor, der an Brutalität nicht zu überbieten ist.

Am Ende des Leidensweges angekommen, erwartet sie ein schrecklicher Tod. Wie in südlichen Ländern üblich werden sie mit dem Hammer totgeschlagen. Grausam, weil oft viele Schläge nötig sind, um die armen Tiere von ihrer Todesangst und von den Schmerzen zu erlösen.

Mitten unter den Todeskandidaten stand er: Bubi, wie wir ihn später zärtlich nannten. Das Kains-Mal mit roter, nicht abwaschbarer Kreide auf die kräftige Hinterhand gemalt, das Zeichen der Aufkäuferin für Schlachttransporte nach Italien. Alles, was Dreikönigsbub verbrochen hatte war, daß er mit zwölf Jahren die Altersgrenze für Trabrennpferde erreicht hatte. 180 000 Mark Gewinnsumme, die er unter schwersten Bedingungen erkämpft hatte, halfen ihm nichts. Narben und teilweiser Fellverlust an den Beinen waren Spuren seiner Leistungsbereitschaft. Dennoch war er nun so gut wie tot.

Mit stolz erhobenem Kopf und einem wachen Blick stach er aus den geduldig wartenden Pferden heraus. Ich ging zu ihm und sah in seine Augen. Sie waren gut und sprühten voller Energie. Ich konnte es nicht fassen, daß ein solches Pferd zum Schlachten verkauft wurde. Ich mußte ihn retten. Dreißig Minuten später kratzte ich ihm die Farbe der Todeskandidaten wieder vom Leib.

Bubi war das leistungsbereiteste Pferd, das ich je hatte. Sie liebten ihn alle. Die vielen Kinder, die in einwöchigen Ferienlagern in meiner Westernstadt auf ihm das Reiten lernten. Die Erwachsenen, die er immer zuverlässig durch Wiesen und Wälder trug. Auch ich hatte ihn ganz besonders in mein Herz geschlossen, denn er war bei einigen Urlaubsritten, die ich durch ganz Deutschland machte, ein zuverlässiger und leistungsbereiter Freund.

18 Jahre lang passierte mit ihm nicht ein einziger Unfall oder Schaden, und ungezählte Anfänger lernten auf ihm das »Glück der Erde« kennen. Mit dreißig Jahren war er noch kein bißchen müde. Trotzdem entschloß ich mich, ihm den schon längst verdienten Ruhestand zu gönnen. Er hatte immer gerne als Reitpferd gedient. Er brachte oft seinen Unmut mit Schnauben und Wiehern zum Ausdruck, wenn er bei Austritten einmal nicht berücksichtigt wurde. Als verdienter Rentner sollte er noch einige Jahre auf saftigen Wiesen sorglos seinen Lebensabend verbringen. Es bot sich dazu eine optimale Lösung an.

Der deutsche Tierschutzbund hatte in Niederbayern einen herrlichen Hof geerbt und ihn als Gnadenhof ausgebaut. Große und helle Boxen, saftige Weiden, die ein romantischer Bach begrenzte, waren Voraussetzungen, die ich Bubi in Western-City nicht bieten konnte. Die höheren Unterhaltskosten war er mir selbstverständlich wert. Er sollte im Kreise von Kameraden, bei bester Betreuung, glücklich leben.

Um größere Abschiedsszenen zu vermeiden, holte ich ihn bereits um 5.30 Uhr aus seinem Stall. Ich wollte ihn persönlich in seine neue Heimat einführen. Nie hatte ich Probleme beim Verladen dieses erfahrenen Pferdes. Heute weigerte er sich zum ersten Mal, den breiten Pferdeanhänger zu betreten. Mit einigen Möhren war er dann doch zu bewegen, die Fahrt in eine »bessere Zukunft« anzutreten.

Als wir am Ziel ankamen, ging gerade die Sonne hinter den Bäumen auf, die den Pferden im Sommer angenehmen Schatten spenden. So schwer mir das Herz auch wurde, ich gönnte Bubi dieses herrliche Fleckchen Erde. Die anderen hier lebenden Pferde waren noch in den Ställen. So konnte ich ihn ungestört auf die Weide bringen, wo das saftige Gras so verführerisch lockte. Willi, der Betreuer der Pferde, öffnete das Koppeltor. Sonst bei Ausritten keine Gelegenheit auslassend, ein Maul voll frisches Grün zu erhaschen, war er heute nicht bereit, auch nur mit einem Auge das saftige Futter zu betrachten. Am Koppeltor stehend, ließ er mich keine Sekunde aus den Augen.

Willis Frau lud mich auf eine Tasse Kaffee ein. Heute wollte mir aber der Kaffee und die leckere Butterbrezel nicht schmecken. Mich drängte es zu Bubi. Er hatte noch immer keinen Grashalm gefressen, sondern lief aufgeregt am Tor hin und her.

Langsam dämmerte es mir, Bubi ahnte, daß er heute nicht mehr zu seinen langjährigen Kameraden zurückkehren sollte. *»Laß uns die anderen Pferde auf die Koppel bringen«*, sagte ich zu Willi, denn ich wollte bei der Eingewöhnung dabei sein.

Grundsätzlich ist es im Leben der Pferde eine aufregende Sache, wenn ein neues Tier in eine Herde integriert wird.

Grundsätzlich ist es im Leben der Pferde eine aufregende Sache, wenn ein neues Tier in eine Herde integriert wird. Man beschnuppert sich, zeigt durch Drohgebärden und Imponiergehabe dem Eindringling seine Rangstelle an und galoppiert verwegen durch das Gelände. Nicht so bei Bubi. In meinem langen Leben mit Pferden habe ich es noch nie erlebt, daß ein neu in die Herde kommendes Tier die Artgenossen völlig ignoriert. Auch als die Pferde nach aufgeregtem Schnuppern im Galopp die Wiesen entlangdonnerten, war dieses treue Pferd nicht zu bewegen, das Koppeltor zu verlassen.

Ich verabschiedete mich von Bubi und seinem neuen Pfleger Willi ziemlich schnell, um nicht das Image des harten Cowboys zu verlieren. Ich hätte mich aber nicht mehr umdrehen sollen. Dort stand er am Koppeltor. Die Augen und Ohren auf mich gerichtet, schickte er mir ein sehnsuchtsvolles, trompetenartiges Wiehern nach.

Im Auto passierte es dann, was ich krampfhaft vermeiden wollte. Mir liefen die Tränen über das Gesicht, und ich schäme mich nicht dafür, ob es sich für einen Rancher gehört oder nicht. Das Abschiedsbild von Bubi am Koppelzaun, sein letztes, fast verzweifeltes Rufen, werde ich nie vergessen. Ich kam mir vor, als hätte ich meine eigene, von mir so geliebte Mutter, ins Altenheim abgeschoben.

Zwanzig endlos lange Kilometer hielt ich es aus. Wie von selbst wendete ich plötzlich das Gespann. Bubi stand immer noch am Koppeltor und wieherte mir aufgeregt entgegen.

Wie Willi mir bestätigte, hatte er noch keinen Grashalm angerührt und die anderen Pferde in keiner Weise beachtet. Ich öffnete das Gatter. Er drängte mit aller Macht heraus. Beim geöffneten Pferdehänger angekommen, rettete mich tatsächlich nur ein Satz zur Seite, so schnell wollte er in sein Fahrzeug, um wieder nach Haus zu kommen.

Er hatte ihnen allen gefehlt, der treueste der Treuen, unser Bubi.

Dort angelangt, wurde ich nochmals mit feuchten Augen konfrontiert. Doch dieses Mal waren es Tränen der Freude, die sich der eine oder andere ganz heimlich aus den Augenwinkeln wischte.

Er hatte ihnen allen gefehlt, der treueste der Treuen, unser Bubi.

Mittlerweile ist er 37 Jahre alt geworden und noch immer bei bester Gesundheit. Ich gönne ihm noch viele Jahre seines verdienten Ruhestandes. Dank eines glücklichen Umstandes konnte ich meine Wiesen vergrößern, und so lebt er heute auch bei mir mit seinen Kameraden auf einer herrlichen zehn Hektar großen Weide. Begrenzt wird diese von einem romantischen Fluß. Große Bäume spenden ihm Schatten. Er behauptet nach wie vor seinen Platz im oberen Drittel der Pferdeherde.

So oft wie möglich besuche ich ihn. Freudig nimmt er wie früher eine Möhre entgegen, und seine Augen ruhen auf mir. Vielleicht täusche ich mich ein bißchen, wenn ich den Ausdruck der Dankbarkeit darin lese. Aber nur vielleicht.

Analyse

Mitgefühl

Auch diese Erzählung mit Bubi beweist die Gefühlsübertragung zwischen zwei Lebewesen. Gerade die sensiblen Pferde sind in der Lage, das Gefühl des Menschen zu empfangen und sich davon beeinflussen zu lassen.

Natürlich konnte Bubi nicht ahnen, daß er aus dem vertrauten Kreis seiner Kameraden entfernt werden sollte. Wir waren oft mit dem Pferdehänger unterwegs. An diesem Tag war es nicht wie sonst. Er spürte die Traurigkeit, die Niedergeschlagenheit und den tiefen Wunsch in mir, eigentlich nicht von ihm getrennt zu werden. Die Entscheidung, ihn in diesen Gnadenhof zu bringen, war eine Entscheidung des Verstandes und nicht des Herzens. So ist auch die Reaktion des Pferdes, am Koppeltor zu verharren und sich nicht in die Herde zu integrieren, aus einem gemeinsamen Gefühl zwischen uns entstanden. Als ich wegfuhr, riß ich mich mit Gewalt von ihm los. Die Verbindung unseres gemeinsamen

Gefühls blieb jedoch trotz der größer werdenden Entfernung bestehen. Nur so ist zu verstehen, daß Bubi den Platz am Koppeltor nicht verließ, ein völlig unübliches Verhalten eines Pferdes. Die emotionale Verbindung zwischen uns war nie unterbrochen. Meine Gedanken und ein Übermaß an Gefühlen waren ständig bei ihm.

Die Gefühlsübertragung stellt eine wichtige Ebene der Kommunikation zwischen Mensch und Tier dar.

Es ist noch nicht erforscht, auf welche Entfernungen sich Gefühle übertragen können. Ob jemals bewiesen werden kann, wie sie übertragen werden, wage ich zu bezweifeln. Daß die Gefühlsübertragung die wichtigste Ebene der Kommunikation zwischen Mensch und Tier darstellt, ist allerdings eine Tatsache und kann nicht bestritten werden.

Auch wir haben Gefühle! Apache und Fred.

Nachwort

Nun am Ende des Buches angelangt, das dem ausgeprägten Gefühlsleben der Pferde gewidmet ist, muß ich noch Gedanken zu Papier bringen, die sich bei der Arbeit über das Gefühl als solches und das Gefühlsleben von uns Menschen herauskristallisiert haben.

Je mehr ich mich mit den Geheimnissen des Gefühlslebens befaßte, je tiefer mich meine Studien und Analysen auf die Kommunikationsebene des Entwicklungsstandes unserer Vorfahren führten, desto mehr kristallisierte sich die überwältigende Erkenntnis heraus, daß das Gefühl, von der Wissenschaft bis heute völlig verkannt, untrennbar mit dem Leben verbunden ist.

Das Gefühl oder die Möglichkeit des Fühlens unterscheidet tote von lebender Materie.

Leben ist Gefühl – ohne Gefühl gibt es kein Leben.

Gefühl ist die Voraussetzung für jedes pflanzliche, tierische und auch menschliche Leben. So primitiv und einfach Leben auch sein mag, jede Reaktion wird vom Gefühl gesteuert. Das Wärmegefühl einer Pflanze läßt die Triebe der Sonne entgegenwachsen. Das Wärmegefühl des primitiven Wurms veranlaßt ihn, vor den für ihn tödlichen Sonnenstrahlen in der Erde Schutz zu suchen.

Je weiter sich Lebewesen entwickelten, um so ausgeprägter mußte sich auch die Spannbreite der Gefühle an die höhere Lebensqualität anpassen. Genügten bei primitiven Lebewesen Gefühle wie Hunger, Wärme- und Kältegefühl oder Gefühle zur Fortpflanzung, waren bei den höher entwickelten Herdentieren bereits Gefühle zum Funktionieren einer Sozialordnung erforderlich.

Jedes Handeln eines Tieres wird von primären Gefühlen gesteuert, von Gefühlen, die ein Überleben auf unserer Erde und die Erhaltung der Art garantieren.

Betrachten wir nun die »Krone der Schöpfung«, den mit einem logischen Denkvermögen ausgestatteten Menschen, machen wir eine erschreckende Feststellung: Ist beim Tier das oberste Ziel des Organismus, durch die Befriedigung der primären Gefühle ein positives Grundgefühl zu erreichen, so strebt der Mensch ständig nach dem Ausleben und der Befriedigung extremer, vom Verstand ersonnener, sekundärer Gefühle. Nicht mehr das Erlangen des sich im natürlichen Ausgleich befindenden, positiven Grundgefühls, das ein gesundes Wohlempfinden eines Körpers auslöst, ist für den Menschen wichtig. Die ständige Suche nach einem Extremgefühl, dem »Kick« in jeder Beziehung, machen den Menschen ruhelos und krank. Wir sind zu Sklaven der Gefühle geworden, die der Verstand entwickelt hat.

Es unterscheiden uns Menschen also nicht nur der Verstand vom Tier, sondern vorwiegend zusätzliche Gefühle, die vom Verstand ersonnen wurden. Diese zu befriedigen, ist das Ziel jeden Handelns und jeden Strebens der Menschheit geworden.

Die größten Wirtschaftszweige dieser Erde verdanken ihre Finanzmacht den Gefühlen. So häufen Versicherungsgesellschaften weltweit Milliarden mit dem Gefühl Sicherheit, leben die größten Orga-

nisationen der Welt, die Kirchen, vom Gefühl der Angst, die Automobilindustrie mit ihren Edelkarossen vom Gefühl Stolz, die Bekleidungsindustrie von der Eitelkeit, die ständig expandierenden Reise- und Luftfahrtunternehmen von der ewigen Suche nach dem Glück, die Wissenschaft von der Neugier und das Showbusineß von der Bewunderung.

Geißeln nicht, seit es Menschen gibt, schreckliche Kriege die Menschheit, um das Gefühl Macht und Haß zu befriedigen?

Bei uns Menschen werden nicht mehr wie bei unseren tierischen Vorfahren die primären Gefühle der Lebens- und Arterhaltung befriedigt. Wir dienen einem Götzen, der Erfolg und Anerkennung heißt.

Bereits am Anfang des Lebens muß das Kind das schönste und in der Schule das beste sein. Mode, Schmuck, Luxusautos, Häuser, akademische Grade, Titel, das Herausstechen aus der Masse im Sport, der Politik und im Showgeschäft sind Mittel, um die scheinbar einzig erstrebenswerten Ziele der Bewunderung und Anerkennung zu erhalten, also Gefühle der Macht.

Mit dieser extremen Entwicklung passen wir nicht mehr in die Natur. Merken wir nicht, daß uns unser naturfeindliches Denken und Verhalten in den Abgrund führt? Denn wo Gefühle der Macht vorrangig sind, sind auch Neid und Haß nicht weit. Es ist jedes Mittel recht, Extremes zu erreichen. Darin liegt die Ursache für Habgier, Kriminalität wie Raubmord, Totschlag, Betrug und für die Rücksichtslosigkeit, die auch vor der Zerstörung von Menschenleben nicht zurückschreckt.

Wir verschwenden unsere gesamte Energie, um gefühlsmäßige Hochs zu erleben, sei es im Sport, im Beruf oder im Privatleben. Dabei vergessen wir, daß das oberste Naturgesetz des Ausgleichs dafür gnadenlos seinen Preis in depressiven Tiefs von uns fordert, denen viele nicht gewachsen sind.

Es ist höchste Zeit zu den fundamentalen Lebensqualitäten zurückzukehren, da sonst die Ausrottung der Menschheit nicht mehr aufzuhalten ist.

Der Mensch paßt deshalb nicht mehr in die Natur, weil – nicht wie bei unseren Vorfahren, den Tieren – jede Reaktion von primären vom Körper erzeugten Gefühlen ausgelöst wird, sondern der Verstand der Auslöser von Reaktionen ist, um Gefühle zu befriedigen. So ist der Verstand zum Feind der Erhaltung der Art geworden.

Der Verstand darf nicht weiterhin nur ein Werkzeug sein, auf der fragwürdigen Suche nach dem »großen Glück«, sondern das Licht der Erkenntnis, daß nur das positive und negative Grundgefühl über Wohl- oder Unwohlempfinden des Menschen entscheidet.

Der Verstand sollte als wichtige Hilfe zur Analyse eines negativen Grundgefühls eingesetzt werden, um ein positives Grundgefühl zu erreichen.

Die »Lucky Hills«-Ranch – traumhaftes Reiterland, ehemalige Heimat der Apachen.

Erst wenn wir zurückkehren zu den Wurzeln unseres Gefühlslebens, ist der Fortbestand der Menschheit gewährleistet. Das zeigt die Millionen Jahre lange Entwicklungsgeschichte unserer Vorfahren, der Tiere. Laßt uns doch endlich erkennen, daß das wahre und tiefe Glück nicht im Erleben der so seltenen Höhepunkte steckt, sondern in der Ruhe und Ausgeglichenheit einer tiefen Zufriedenheit – einer Zufriedenheit, die auf der Abgeklärtheit und der Weisheit beruht, die nur mit dem Geschenk des schöpferischen Verstandes erreicht werden kann.

Das nicht leistungsbezogene Wanderreiten in Harmonie mit unserem Kameraden Pferd wäre ein erster Schritt in diese Richtung. Nur wenn wir die Priorität der Gefühle akzeptieren, sind wir in der Lage, Pferde zu verstehen, zu achten und mit ihnen zu kommunizieren. Nicht nur der Verstand unterscheidet uns von unseren Brüdern und Schwestern, den Tieren, sondern vorwiegend die Gefühle, die von unserem Verstand entwickelt wurden.

Gefühl ist kein Phänomen, das sich der Erfassung entzieht, wie in einschlägigen Lexika nachzulesen ist, sondern klar zu definieren:

Gefühl ist die wichtigste Schaltstation im Körper
jedes Lebewesens. Es löst jede Reaktion aus
und entscheidet über dessen Wohl- und Unwohlempfinden.
Es ist untrennbar mit dem Leben verbunden.

So verdient jedes Leben, das die Schöpfung entstehen ließ, unsere besondere Achtung. Denn: Leben ist Gefühl, und Gefühl ist Leben. So wird durch das Ende der Gefühle lebende zu toter Materie.

Wie sagte einst der alte griechische Philosoph Epikur:

»Der Tod ist das Ende der Gefühle«.